JAZZ**BLUES**
IMPROVISATION**FÜR**GITARRE

Der Umfassende Leitfaden

JOSEPH**ALEXANDER**

FUNDAMENTAL**CHANGES**

Jazzblues-Improvisation für Gitarre

Der Umfassende Leitfaden

Herausgegeben von **www.fundamental-changes.com**

ISBN: 978-1-911267-55-3

Copyright © 2017 Joseph Alexander / Fundamental Changes Ltd.

Übersetzt von Elisabeth Pfeiffer

Das Urheberrecht liegt beim Autor.

Fundamental Changes Ltd.

www.fundamental-changes.com

Die Audiobeispiele von Pete Sklaroff

Inhalt

Zur Übersetzung:

Dieses Buch wurde *aus dem Englischen* übersetzt. Es wurden die **englischen Notennamen beibehalten**. Das deutsche H wurde durch B ersetzt, die Schreibweise Bb belassen. Alterierte Töne, wie Fis, Cis, Gis, usw. wurden ebenfalls in der englischen Schreibweise F#, C#, G#, etc. belassen.

Grafiken und Bilder mit Text sind in diesem Buch meist *nicht* übersetzt worden. Die meisten Beschriftungen sollten sich aus dem Fließtext erschließen.

Die folgende Tabelle stellt die **wichtigsten Begriffe** aus den Grafiken nochmals zusammen:

Engl.	Dt.
Major	Dur
Minor	Moll
Dim (Diminished)	Vermindert
Aug (Augmented)	Übermäßig
Root	Grundton
String	Saite
Chord	Akkord
Shape	Form (hier auch Griffbild / Griff)
rootless	Ohne Grundton
6th String Root	Grundton auf der 6. Saite
Falls to	Fällt zu
Extension	(Akkord-)Erweiterung
Natural	leitereigen
Altered	alteriert
Up an octave	Eine Oktave höher
Intervals	Intervalle
2nd	Sekunde
3rd	Terz
4th	Quarte
5th	Quinte
6th	Sexte
7th	Septime
Octave	Oktave

Einleitung

Auf jeder Jam-Session wird der Jazzblues besonders gern angesagt. Seine Struktur ist die Grundlage für Hunderte von Jazzstandards und, weil ein „Cross-Over" zwischen einem normalen 12-taktigen Blues und komplexeren Strukturen aus dem Jazz praktisch in seiner Natur liegt, gehört der Jazzblues zum Repertoire, das jeder Schüler der Jazzgitarre meistern sollte.

Der Jazzblues ist eine 12-taktige Bluesform mit einigen ungewöhnlichen harmonischen Wendungen. Manchmal können diese Wendungen zu recht weit entfernten harmonischen Extremen führen (wie zum Beispiel in Charlie Parker's Blues for Alice). Aber anstatt diese neuen Möglichkeiten als zusätzliche Probleme zu sehen, betrachten Jazzmusiker sie als Gelegenheiten noch ausdrucksstärker spielen zu können, neue Melodien zu finden und die Monotonie der normalen 12-taktigen Bluesform aufzulockern.

Mit den Akkordfolgen im Jazzblues können wir uns weit von unserem Mollpentatonik-Vokabular entfernen, das „traditionelle" Bluesmelodien und Improvisationen buchstäblich überflutet. Das heißt nicht, dass die Mollpentatonikskala nicht verwendet wird; sie kommt auf jeden Fall vor! Aber, wenn wir neue Akkorde verwenden, können wir auch neue Arpeggios, Skalen und generell musikalischen Ausdruck benutzen, den uns der traditionelle 12-taktige Blues mit seinen drei harmonischen Stufen (I, IV, V) normalerweise nicht gestattet.

Interessanterweise lassen sich mittlerweile einige der gängigsten „jazzigen" Harmonieerweiterungen wiederum im Standardrepertoire des 12-taktigen Blues wiederfinden. Im Verlauf des Buches wird unsere 12-taktigen Jazzblues-Struktur immer komplexer werden und dir werden genau diese Harmonien immer mehr auffallen.

Wie in meinen anderen beiden Büchern über Jazzimprovisation über die ii-V-I-Wendung in Dur und Moll (bisher nur auf Englisch erschienen), untersucht dieses Buch jede Akkordstruktur einzeln und zeigt dir die korrekten Arpeggios, Skalen, Substitutionen und Improvisationsansätze, die dir jeweils zur Verfügung stehen. Wir fangen zunächst sehr einfach an, aber entwickeln die ersten Grundprinzipien dann zu komplexen und ausdrucksstarken Werkzeugen weiter, die du über jedem Akkord anwenden kannst.

Dieses Buch hat einen sehr praktischen Ansatz und Ziel ist es, musikalische Ideen zu spielen, die sich ganz natürlich aus einem tiefen Verständnis der Grundprinzipien des Jazz heraus entwickeln. Du hast hier nicht einfach ein Buch über Musiktheorie, sondern wirst sehen, wie du mit jedem Konzept, dass wir erarbeiten, eingängige und niveauvolle Gitarrensolos erarbeiten kannst.

Die meisten Inhalte dieses Buch lassen sich auch auf andere Jazzstücke oder andere Musikrichtungen übertragen. Viele Melodien, die wir gestalten werden, funktionieren hervorragend über einem traditionellen 12-taktigen Blues. Das heißt, du wirst auch einige tolle Melodielinien haben, die du beim Jammen mit Freunden hervorzaubern kannst.

Durchgehend geht es um eine sinnvolle Verknüpfung von grundlegenden „theoretischen Prinzipien und dem Spielen von musikalischen Jazzgitarrensolos in Bluesform.

Es ist zwar keine Voraussetzung für das Verständnis dieses Buches, aber ich möchte dir mein Buch **Fundamental Changes in Jazz Guitar** empfehlen. Es schafft die Grundlagen für viele Improvisationsansätze, die man auf jedes Jazzstandard anwenden kann.

Fundamental Changes beschreibt außerdem viel detaillierter, wie man über die wichtige *ii-V-I-Akkordfolge* in Dur improvisiert. Dafür habe ich hier in diesem Rahmen nicht genug Platz. Ein Viertel des Jazzblues besteht aus einer ii-V-I-Akkordfolge in Dur. Es kann also von Vorteil in diesem Buch sein, die Improvisationsansätze über dieser akkordischen Wendung gut zu verstehen.

Grundsätzlich werde ich auch eher nicht über Improvisation in der Mollpentatonik sprechen, weil ich annehme, dass du diese schon recht gut beim „normalen" Blues anwenden kannst. Das heißt nicht, dass du die Mollpentatonik nicht verwenden sollst. Wir beschäftigen uns hier allerdings mit dem Blues aus einer Bebop-Perspektive heraus. Das wird dich zu einem besseren Musiker machen. Später wirst du ganz von selbst Melodien mit der Mollpentatonik und der Bluesskala in deine Improvisationen einbauen. Versuche also erst einmal nicht die Mollpentatonik „durchzunudeln", sondern richtig zu üben.

Es ist wichtig, jedes Konzept und das zugehörige Vokabular langsam zu verinnerlichen. Und achte darauf, die Haupttöne auf den wichtigen Schlägen im Takt zu spielen. Wenn du dir auf diese Weise eine solide Basis für deine Improvisation schaffst, wirst du dein Gehör immer weiter entwickeln, sodass du später beim Improvisieren „die Regeln" wieder verletzen kannst. Wahrscheinlich wirst du anfangen, Melodien zu hören, die du gerne spielen würdest, statt dich nur an die „erlaubte" Theorie zu halten.

Die richtigen Skalen und Arpeggios machen einen riesigen Teil dieses Buches aus. Aber versuche den Überblick zu behalten und alles in diesem Buch als Gehörbildung zu verstehen.

Es gibt nämlich eigentlich kein Richtig oder Falsch in der Musik. Wenn es gut klingt, ist es auch gut. Dieses Buch soll dir neue Klangmöglichkeiten erschließen.

Viel Spaß,

Joseph

In Kapitel 1 geht es um die Konstruktion und Theorie hinter der Jazzblues-Akkordfolge. Ich hoffe zwar, dass du das interessant finden wirst, aber es ein wenig „theorielastig". Wenn du also schon weißt, wie und warum ein Jazzblues gebildet wird, und du dich einfach mit dem Improvisieren beschäftigen willst, überspringe dieses Kapitel einfach.

Alle Audiobeispiele in diesem Buch sind kostenlos erhältlich auf:
www.fundamental-changes.com/audio-downloads

Denk' dran: Auf dem Kindle kannst du jede Bilddatei durch einen
Doppel-Tab auf das Bild vergrößern.

Hol' dir die Audio-Dateien

Die Audio-Dateien für dieses Buch sind als kostenloser Download auf **www.fundamental-changes.com** unter dem Link in der oberen rechten Ecke erhältlich. Wähle einfach diesen Buchtitel aus dem Menü und befolge die Download-Anleitung. **http://www.fundamental-changes.com/**

Wir empfehlen, dass du zunächst die Dateien auf deinen Computer, nicht auf dein Tablet herunterlädst und sie dann in deine Media-Bibliothek extrahierst. Danach kannst du die Dateien auf dein Tablet oder deinen iPod ziehen oder eine CD brennen. Auf der Download-Seite findest du auch ein hilfreiches PDF und wir bieten auch technischen Support über das Formular auf der Download-Seite.

Kindle / eReaders

Denk' daran, dass du jedes Bild mit einem Doppel-Tap größer machen kannst. So kannst du das Buch optimal nutzen. Schalte außerdem die „Spaltenansicht" aus und halte dein Kindle im Querformat.

Auf unserer Webseite gibt es mehr als 250 Kostenlose Unterrichtseinheiten für Gitarre mit Videos:

www.fundamental-changes.com

Twitter: **@guitar_joseph**

Facebook: **FundamentalChangesInGuitar**

Instagram: **FundamentalChanges**

Kapitel 1 - Die Struktur des Jazzblues

Sehen wir uns zunächst an, wie Jazzmusiker den 12-taktigen „Standard"-Blues reicher und komplexer machen, indem sie eine einfache Konvention im Jazz anwenden.

Hier ist der traditionelle 12-taktige Blues im Stil von B.B. King oder Howlin' Wolf nochmal zur Erinnerung:

Beispiel 1a:

Die Stufenbezeichnung aller Akkorde ist jeweils als römische Zahl unterhalb der Notenzeile notiert. Der Akkord der ersten Stufe = I, der Akkord der vierten Stufe = IV, usw.

Die gängige Praxis im Jazz ist es, jedem Akkord einen weiteren Akkord voraus zu stellen, der eine reine Quint entfernt ist. Dieser Akkord kann *jedem* Akkordtyp entsprechen (7, maj7, min7, usw). Aber *normalerweise* ist es ein Dominantseptakkord.

Das klingt sehr kompliziert, wenn man es schriftlich formulieren soll. Sehen wir uns also ein einfaches Beispiel in Bb an.

Hier ist eine sehr einfache Akkordsequenz:

Beispiel 1b:

Man findet kaum eine einfachere Akkordfolge im Jazz.

Wenden wir diese Idee nun an und stellen jedem Bb7 einen Akkord im Abstand einer reinen Quint vorraus. Der Akkord im Quintabstand wird „dominantischer Akkord" genannt.

Zähle die Tonleiter nach oben: Bb, C, D, Eb, **F.**

Der Akkord im Quintabstand über Bb7 ist F. Wir spielen ihn erst einmal als Dominantseptakkord.

Wenn wir das also zur Akkordfolge hinzufügen, bekommen wir diese sich wiederholende Sequenz:

Beispiel 1c:

Das Gleiche können wir jetzt wiederholen und einen Akkord im Quintabstand über F hinzufügen: das ist dann C. Diesmal werden wir ihn als Mollseptakkord spielen (obwohl es keinen Grund gibt, ihn nicht als dominantischen Akkord zu spielen).

Beispiel 1d:

Das ist die Akkordsequenz, die im Jazz am häufigsten gebraucht wird; die ii-V-I-Wendung in Dur. Der Cm7-Akkord ist die ii. Stufe von Bb und der F-Akkord ist die V. Stufe von Bb.

Gehen wir einen Schritt weiter und fügen einen dominantischen Akkord zu Cm7 hinzu. Die Dominante von Cm7 ist G. Du kannst einfach C, D, Eb F **G** zählen. Wir spielen diesen Akkord wieder als m7-Akkord.

Mit dem eingefügten Gm7 sieht unsere Akkordverbindung jetzt so aus:

Beispiel 1e:

Diese Akkordsequenz wird of als I-VI-II-V-Verbindung bezeichnet. Sie kommt ebenfalls im Jazz extrem oft vor.

Bb7 ist die I, Gm7 ist die vi, Cm7 ist die ii und F7 ist die V.

Ich habe diese Akkordtypen gewählt, weil sie natürlicherweise in der Tonleiter (leitereigen) vorkommen, wenn man die Harmonien aus der harmonisierten Bb-Durskala bildet.

Wenn du dich damit intensiver beschäftigen willst, möchte ich dir mein Buch **Moderne Musiktheorie für Gitarristen** empfehlen.

Wiederholen wir jetzt kurz, welche Akkorde aus der Durskala gebildet werden.

Stufe I - Major 7

Stufe II - Moll 7

Stufe III - Moll 7

Stufe IV - Major 7

Stufe V - Dominantsept (7)

Stufe VI - Moll 7

Stufe VII - Moll7b5

Dir wird auffallen, dass die I. Stufe immer ein Majorseptakkord (maj7) ist, die VI. Stufe immer ein Mollseptakkord (m7) und die V. Stufe immer ein Dominantseptakkord (7) ist.

Dieses Konzept geht Hand in Hand mit den Akkordtypen aus dem letzten Beispiel.

Im Blues wirst du aber selten maj7-Akkorde als Grundakkord des tonalen Zentrums hören. Das liegt daran, dass es im Blues einfach keinen maj7-Klang gibt. Wir wissen aus Erfahrung und durch die Tradition, in der wir stehen, dass die meisten Blues-Stücke eher Dominantsept- oder Mollseptakkorde als harmonische Grundlage verwenden, als maj7-Akkorde.

Im Jazz ist es vollkommen akzeptabel den Akkordtyp von Akkorden *beliebig* zu ändern (du solltest das aber schon mit den anderen Bandmitgliedern absprechen!). Machen wir nun sowohl aus der I, als auch aus der VI Dominantseptakkorde.

Unsere neue Akkordfolge sieht so aus:

Beispiel 1f:

Diese neue Harmoniefolge klingt viel jazziger und bluesiger, als die aus Beispiel 1e.

Diese Akkordfolge ist aber nicht nur bluesig, sondern ermöglicht uns, mit ihren Dominantseptakkorden viel breitgefächerte Improvisationsmöglichkeiten, die wir uns in den Kapiteln weiter hinten noch genauer ansehen werden.

Wenn wir uns den „Standard-Style" von B.B. King in Zusammenhang mit einem 12-taktigen Jazzblues ansehen, werden wir sehen, wie die Informationen der letzten paar Seiten relevant werden.

12-taktiger Standard-Blues: (*Beispiel 1a* wiederholt)

12-taktiger Jazzblues: *(Beispiel 1g)*

Bb7 Eb7 Bb7 Bb7

Takt 1 (I)	Takt 2 (IV)	Takt 3 (I)	Takt 4 (I)
6 / 7 / 6 / 6	8 / 6 / 8 / 6	6 / 7 / 6 / 6	6 / 7 / 6 / 6

Eb7 Eb7 Bb7 G7

Takt 5 (IV)	Takt 6 (IV)	Takt 7 (I)	Takt 8 (VI)
8 / 6 / 8 / 6	8 / 6 / 8 / 6	6 / 7 / 6 / 6	8 / 10 / 9 / 10

Cm7 F7 Bb7 G7 Cm7 F7

Takt 9 (II)	Takt 10 (V)	Takt 11 (I / VI)	Takt 12 (II / V)
8 / 8 / 8 / 8	6 / 8 / 7 / 8	6/7/6/6 8/10/9/10	8/8/8/8 6/8/7/8

Konzentriere dich auf den Bb7 in Takt 11 des *oberen* Beispiels (Standard-Blues). Arbeite dich von diesem Bb7-Akkord *rückwärts* und stelle jedem Akkord eine Dominante voran, wie wir es auf der letzten Seite gemacht haben. Du solltest jetzt erkennen können, wie die zusätzlichen Akkorde im Jazzblues entstehen.

Diese vier Takte zwischen Takt 7 und Takt 10 werden auch als „langsamer Turnaround" bezeichnet und jede Harmonie bleibt einen ganzen Takt lang bestehen.

Wie du siehst, wiederholt sich dieselbe Akkordsequenz in den letzten beiden Takten des Jazzblues. Das bezeichnet man als schnellen Turnaround, weil dieselben Akkorde in nur zwei Takte gequetscht werden. Obwohl der schnelle Turnaround über einen kürzeren Zeitraum abläuft, wird er genauso gebildet, wie der langsame Turnaround: indem man sich von Takt 1 langsam rückwärts voran arbeitet.

Es gibt noch viel mehr Zusätze und Alterationen, die wir im Jazzblues verwenden können und wir werden uns sehr genau mit ihnen in späteren Kapiteln beschäftigen. Aber versuch jetzt erstmal Folgendes wirklich zu verstehen;

1) Jedem Akkord kann ein anderer Akkord im Quintabstand vorausgehen. Der neue Akkord ist normalerweise ein Dominantsept- oder Mollseptakkord.

2) Auf diese Weise können harmonische Kreise aus Dominanten gebildet werden. Das bezieht sich auf den Quintenzirkel, ein harmonisches „Werkzeug", das im Jazz extrem häufig verwendet wird.

3) Man kann den *Akkordtyp* aller dieser Akkorde ändern. Am häufigsten wird ein Akkord zu deinem Dominantseptakkord verändert. Wenn wir den Akkordtyp verändern, schaffen wir uns neue Möglichkeiten für Melodien und Solos.

4) Der I-VI-II-V-Turnaround in einem Jazzblues wird gebildet, indem man von der Tonika aus rückwärts einen Quintenzirkel konstruiert (im oberen Beispiel ist die Tonika der Bb7-Akkord).

5) Der Turnaround kommt an zwei Stellen vor. Den langsamen Turnaround kann man zwischen den Takten 7 und 10 finden; der schnelle Turnaround kommt in den Takten 11 und 12 vor.

Alle Audiobeispiele in diesem Buch sind kostenlos erhältlich auf:

www.fundamental-changes.com/audio-downloads

Kapitel 2 - Akkord-Voicings für Jazzblues

In diesem Kapitel werden wir einige Akkordvoicings lernen, mit denen wir den Jazzblues in Bb auf verschiedene Arten durchspielen können.

In der ersten Methode verwenden wir *Piano Voicings* mit den Grundtönen auf der 6. und 5. Saite. Diese „großen" Voicings passen gut, wenn wir Sänger begleiten oder mit einem anderen Melodieinstrument Duo spielen. Hier sind einige grundlegende Voicings, die du kennen solltest.

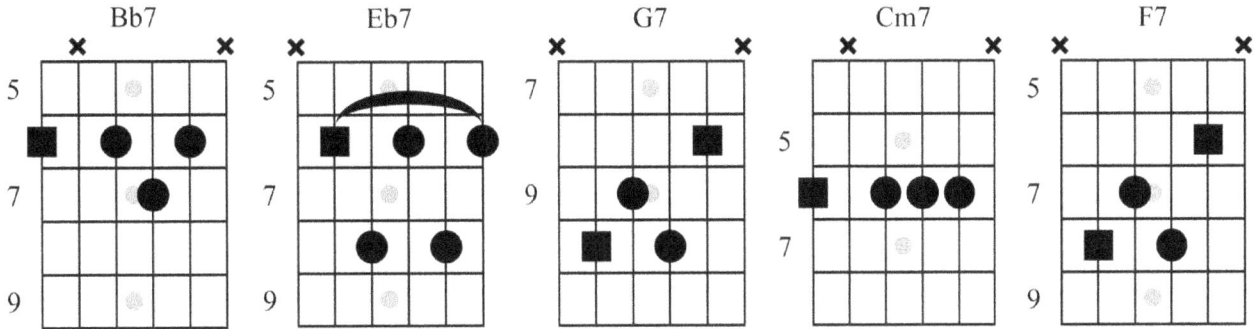

Versuche die Changes des Jazzblues mit diesen Voicings durchzuspielen. Das wird in *Beispiel 2a* gezeigt:

Als Nächstes können wir ähnliche Voicings verwenden; aber diesmal nehmen wir noch einige Erweiterungen und Alterationen auf der Dominante dazu, damit die Harmonie noch etwas mehr nach Jazz klingt.

Das wird in *Beispiel 2b* gezeigt:

F7#9   F7#5#9

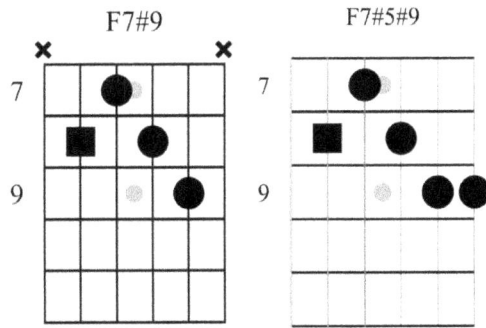

Und zum Schluss werden wir uns Drop-2-Akkorde ansehen, die nur auf den oberen vier Saiten gespielt werden. Diese Voicings funktionieren großartig in einer größeren Bandbesetzung. Sie lassen sowohl dem Bassisten, als auch dem Klavierspieler viel mehr Luft zum Atmen und verhindern, dass die Rythmusgruppe zu dicht wird. Ich habe einige einfache Dominantseptakkorde mit ein paar erweiterten und alterierten Akkorden kombiniert, damit das Ganze abwechslungsreicher und reichhaltiger klingt.

Du kannst die folgenden Drop2-Voicings in *Beispiel 2c* anhören:

Bb7   Eb9   Bb9   Bb7#5b9

Eb9   Eb7b9   Bb9   G7b9#5

Cm9   F7b9#5   Bb9   G7b9   Cm7   F7b9

Hier sind die Griffformen, die du für diese Changes (Harmoniewechsel) auf den vier oberen Saiten brauchen wirst:

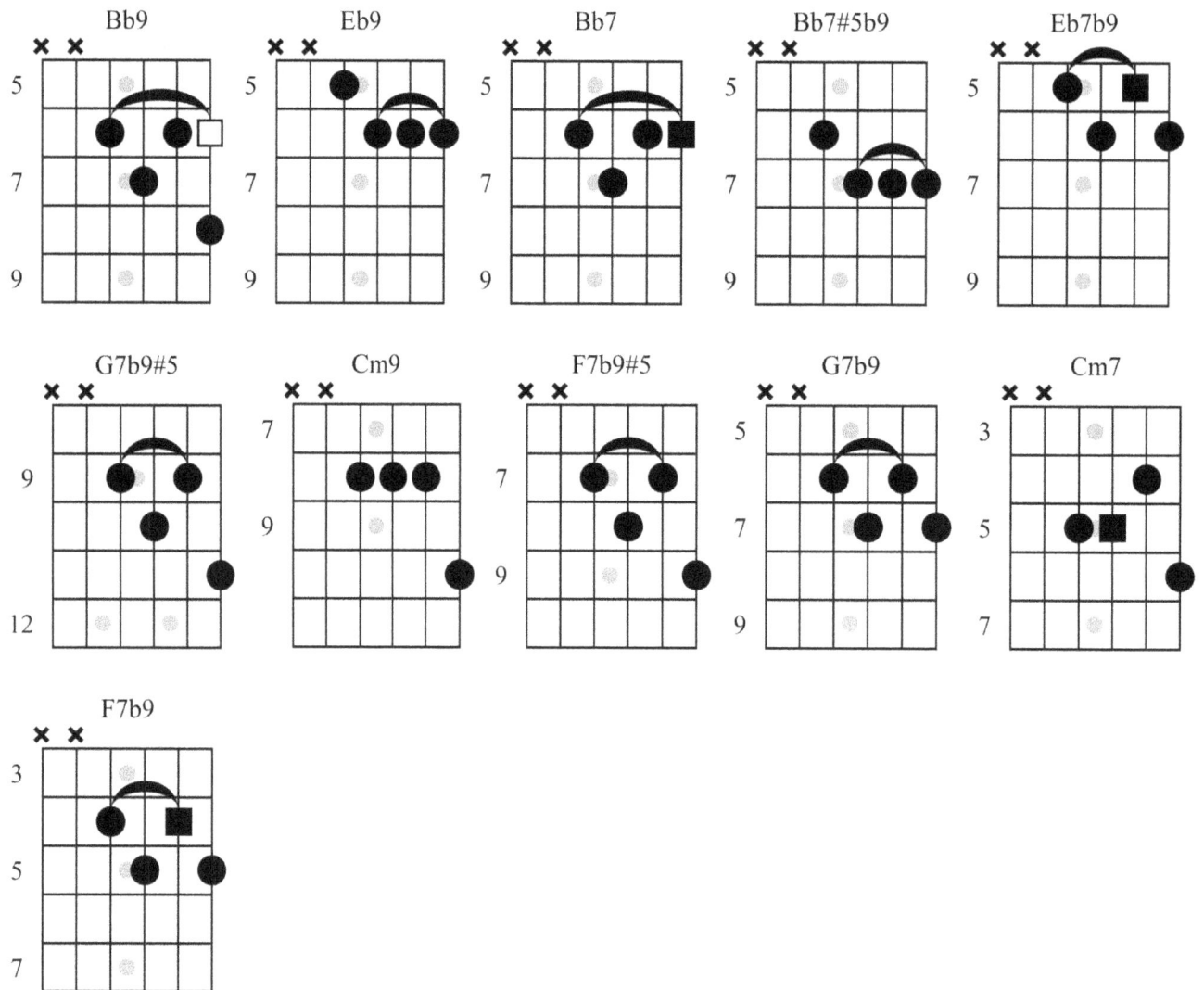

Mit diesen Vorschlägen hast du schon eine gute Basis für die Changes im Jazzblues. Allerdings kratzen sie bezüglich der vielen Spielmöglichkeiten, die du üben kannst, nur an der Oberfläche. Damit könnte man ein ganzes weiteres Buch füllen.

Ich möchte dir mit diesen Chord Sheets (Harmonieschema eines Songs) und Voicings das Werkzeug an die Hand geben, von einem harmonischen Standpunkt aus zu hören, wie der Jazzblues funktioniert und wie sich seine Struktur anfühlt. Ich habe in die Chord Sheets keine genauen rhythmischen Informationen notiert. Versuche über die Audiodateien herauszuhören, wie gespielt wurde.

Kapitel 3 - Improvisation über die Ersten Sieben Takten

Am einfachsten lernt man das Improvisieren von Solos im Jazzblues, indem man ihn in zwei Abschnitte aufteilt. Der Jazzblues besteht aus sieben Takten, die ziemlich statisch daherkommen und sich zwischen Bb7 und Eb7 (den Stufen I und IV) hin- und herbewegen, und einem harmonisch „betriebsamen" Turnaround-Abschnitt in den Takten 8 bis 12. Wenn man diese Abschnitte als getrennte Teile sieht, kann man sich beim Üben darauf konzentrieren, schnelle Ergebnisse zu erzielen, die gut artikuliert klingen.

Du weißt vielleicht, dass Septakkorde durch das Aufeinanderstapeln von Tönen gebildet werden. Und zwar vom Grundton, der Terz, der Quint und der Septim des Akkordes.

Die Formeln der Akkorde sind

Maj7-Akkorde: 1 3 5 7
Zum Beispiel, Bbmaj7 = Bb D F A

Dominantseptakkorde: 1 3 5 b7
Zum Beispiel, Bb7 = Bb D F Ab

Mollseptakkorde: 1 b3 5 b7
Zum Beispiel, Bbm7 = Bb Db F Ab

Es gibt auch den Moll7b5-Akkord. Seine Formel ist 1 b3 b5 b7
Zum Beispiel, Bbm7b5 = Bb Db Fb Ab.

Ich möchte in diesem Buch nicht allzu sehr auf die Theorie eingehen. Wenn du zu diesem Abschnitt Fragen hast, wirf bitte einen Blick in **Moderne Musiktheorie für Gitarristen**.

Wenn wir Töne gleichzeitig anschlagen, spielen wir einen Akkord. Wenn wir die Töne nacheinander anschlagen, spielen wir ein Arpeggio.

Wenn wir ein Bb7-Arpeggio über einem Bb7-Akkord spielen, wird das immer passen und gut klingen, weil wir einfach die Töne spielen, die sowieso schon im Akkord vorhanden sind.

Eines der wichtigsten Elemente in der Jazzimprovisation ist es, das passende Arpeggio über einen bestimmten Akkord zu spielen.

Fangen wir an, das an den Tönen des Bb7-Arpeggios zu lernen.

* Die Zahlen unterhalb des Arpeggio-Griffbildes, zeigen die Intervalle des Akkords.

R = Grundton (engl. root)
^3 = Große Terz
b3 = Kleine Terz
p5 = Reine Quint
b7 = b7 (kleine Septim)

Beispiel 3a:

Bb7 Arpeggio

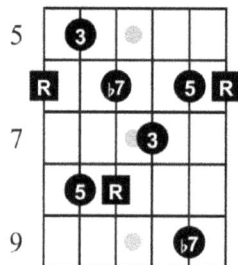

Lerne diese Arpeggios aufwärts und abwärts zu spielen. Übe ein neues Arpeggio immer mit dem Metronom auf Tempo 40. Spiele zuerst einen Ton pro Schlag und erhöhe das Tempo schrittweise auf 120.

Wenn du dieses Arpeggio auf Tempo 80 spielen kannst, *halbiere* das Metronomtempo wieder auf 40 und spiele zwei Töne pro Schlag (Achtelnoten). Du kannst dann das Metronomtempo wieder schrittweise erhöhen. Tempo 120 ist ein gutes Ziel, aber denk' dran, dass es in diesem Buch nicht um Technik oder Geschwindigkeit geht. Erstmal ist dein Ziel, dass du das Arpeggio auswendig kannst.

Jetzt können wir uns das Eb7-Arpeggio ansehen:

Beispiel 3b:

Bb7 Arpeggio

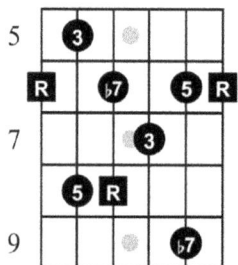

Eb7 Arpeggio

Wiederhole die Übeschritte und lerne Eb7. Gehe nicht zum nächsten Abschnitt des Kapitels weiter, bis du beide Arpeggios auswendig vorwärts und rückwärts spielen kannst.

Die folgenden Übungen werden dir helfen, den wichtigen Akkordwechsel von Bb7 nach Eb7, der sehr oft vorkommt, mit Arpeggios zu meistern. Dieser Harmoniewechsel kommt nicht nur im Jazzblues, sondern auch in vielen Jazzstandards vor.

Spiele zunächst von jedem Arpeggio fünf Töne aufwärts und mach' dann einen Takt Pause. Fange immer mit dem tiefsten Grundton des Akkordes an. Es sollte wie *Beispiel 3c* klingen:

Die folgende sich wiederholende Akkordsequenz findest du in *Backing-Track Nr. 1:*

Kehre das Pattern jetzt um, fange auf dem höchsten Grundton an und spiele das Arpeggio abwärts. Das siehst du in *Beispiel 3d.*

Beispiel 3d:

Im nächsten Schritt fangen wir nicht auf dem Grundton des jeweiligen Arpeggios an, sondern wiederholen das Ganze aufwärts und abwärts ausgehend von der Terz des Arpeggios (das ist jeweils die zweite Note im Arpeggio).

Du kannst das in den Beispielen 3e und 3f sehen und hören:

Beispiel 3e:

Beispiel 3f:

Übe jetzt jedes Arpeggio von der Quint aus aufwärts und abwärts:

Beispiel 3g:

(Hier wird aus Platzgründen nur das aufsteigende Arpeggio gezeigt)

Und fange zum Schluss auf den Septimen (b7s) im Arpeggio an und spiele aufwärts und abwärts.

Beispiel 3h:

Anschließend lernst du, wie man die beiden Arpeggios miteinander verbindet. So würde man es auch beim Improvisieren in Solos machen. Dafür verkürzen wir zunächst jeden Akkord auf einen Takt.

Backing-Track Nr. 2 dreht sich um die folgende Akkordprogression:

Wir haben deshalb weniger Zeit für jeden Akkord und das bedeutet, dass wir schneller denken müssen. Verinnerliche also den Klang und die Form der Arpeggios so gründlich, wie du kannst.

Genau wie vorhin spielen wir vier Arpeggiotöne in jeder Skala aufwärts. Diesmal machen wir allerdings keine Pause und springen sofort zum richtigen Arpeggioton des folgenden Akkords.

Wenn das am Anfang noch zu schwierig ist, spiele nur drei Töne und mach' auf Schlag vier eine Pause. Versuche allerdings darauf hinzuarbeiten, dass du so bald wie möglich vier Töne spielen kannst.

Diese Übung wird vom Grundton aus in Beispiel 3i gezeigt:

Beispiel 3i:

Mach' diese Übung dann beginnend jeweils vom Grundton, der Terz der Quint und der Septim des Akkordes. Übe jede Möglichkeit aufwärts und abwärts. Das ist ein sehr wichtiger Lernschritt! Überspringe ihn also nicht. Ich habe hier aus Platzgründen nicht jede Variation notiert, aber die Beispiele 3c - 3h sollten dir genug Informationen liefern, die du übertragen kannst, falls du nicht weiterkommst.

Sei' dir auch bewusst, dass du jedes Intervall auch in einer anderen Oktav spielen kannst. Die letzte Übung könnte beispielsweise auch eine Oktave höher gespielt werden:

Beispiel 3j:

Wenn dir die Töne in dieser Position ausgehen, spiele mit den gleichen Tönen das Arpeggio abwärts, statt in eine neue Griffbrettposition zu wechseln.

Diese Übungen sind extrem wichtig, damit du Arpeggioformen sicher spielen kannst. Außerdem trainieren sie deine Fähigkeit jeden Akkordton deiner Wahl sofort anspielen zu können. In Kapitel 5 wirst du sehen, warum das so wichtig ist.

Wenn du sicher zwischen Arpeggios beim Akkordwechsel hin- und herspringen kannst, wird es Zeit, „die Punkte zu verbinden" und elegante Übergänge zwischen den Arpeggios zu finden. Das ist die Basis für alle guten Jazzgitarrensolos.

Kapitel 4 - Elegante Übergänge zwischen Arpeggios

Wir werden uns weiterhin damit beschäftigen fließende Melodien zu erzeugen und besser hören zu lernen, in dem wir uns darauf konzentrieren, elegant zwischen den Arpeggios von Bb7 und Eb7 in kleinen Griffbrettbereichen zu wechseln.

In diesem Abschnitt geht es darum, den *nächstgelegenen Ton* des neue Arpeggios beim Akkordwechsel zu finden, anstatt auf einem bestimmten Stufenton von Arpeggio zu Arpeggio zu springen. Wenn du lernst, diese harmonischen Bewegungen herauszustellen, entwickelst du auch die Fähigkeit Akkordwechsel zu *artikulieren*, während sie passieren. Auf diese Weise können wir mit unseren Melodien und Solos die Harmonien der Rhythmusgruppe spiegeln. Diese Artikulation ist ein kennzeichnendes Merkmal des Jazz.

Schauen wir uns zunächst die Übergänge an, die vom Bb7- zum Eb7-Arpeggio möglich sind. Aber konzentrieren wir uns dabei *nur* auf die oberen zwei Saiten.

Schau' dir folgende Griffbilder an:

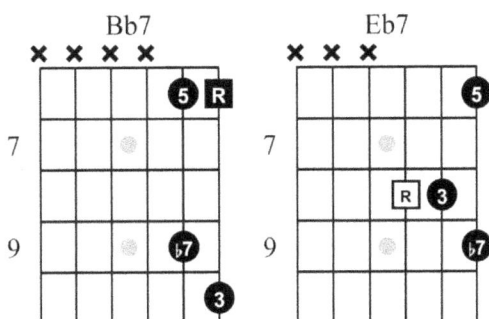

In beiden Griffbildern bleibt der Ton Bb gleich (er ist der Grundton des Bb7-Arpeggios und die Quint vom Eb7-Arpeggio).

Aber man sieht gleich, dass auf der 2. Saite die b7 von Bb7 (Ab) um einen Halbtonschritt nach unten fällt und zur Terz von Eb/ (G) wird.

Du hast zwar das Bb7-Arpeggio schon gespielt, aber wahrscheinlich hast du die Terz noch nicht auf der 1. Saite am X. Bund gespielt. Jetzt ist ein guter Zeitpunkt mal darauf zu achten.

Wie du siehst, fällt die Terz von Bb7 (D) um einen Halbton und wird zur b7 des Eb7-Arpeggios (Db).

Die eben beschriebenen Bewegungen sind sehr starke melodische Elemente und es ist im Jazzblues, und eigentlich in *jedem* Standard-Jazz sehr wichtig, dass du mit ihnen umzugehen weißt, damit du Akkordwechsel gut artikulieren kannst.

Verwende Backing-Track Nr. 2 (ein Takt pro Akkord) und spiele vier Töne pro Takt. Beim Akkordwechsel spielst du die Note des folgenden Arpeggios *gezielt* an, die am nächsten liegt.

Mit den folgenden Beispielen wirst starten können. Denk' dran, du darfst (erstmal!) nur auf den oberen zwei Saiten der Gitarre spielen

Beispiel 4a:

Beispiel 4b:

Die letzten beiden Beispiele zeigen diese Übung nur über vier Takte. Du solltest die Arpeggios und Griffformen solange gleichmäßig spielen und verbinden üben, wie du kannst. Ich glaube, du wirst diese Übungen bald recht repetitiv finden; das ist gut. Du fängst nämlich an, die Punkte auswendig zu kennen, an denen du zwischen den beiden Akkorden gezielt wechseln kannst.

Diese Übungen sind ungemein wichtig, weil sie die Grundlage für *alles* bilden, was du über Melodieimprovisation im Jazz lernen wirst. Sie trainieren außerdem dein Gehör, deine Griffbrettkenntnisse und dein motorisches Gedächtnis, so dass du jede Melodie immer zu einem Akkordton hin auflösen kannst; sogar, wenn du komplexere Konzepte, wie chromatische Approach-Notes und alterierte Skalen einsetzt.

Wenn du alle Möglichkeiten auf diesem Saitenpaar ausgeschöpft hast, gehe weiter und wiederhole die Übung mit den Arpeggios auf der 2. und 3. Saite.

Schau' dir zunächst auf dem Papier an, wo die Unterschiede liegen und versuche dann, diese Phänomene gezielt in deinem Spiel zu reproduzieren. Es gibt viele Möglichkeiten Arpeggios auf der 3. Saite zu verbinden.

Hier sind einige Arpeggio-Griffbilder für den Anfang.

Bb7   Eb7

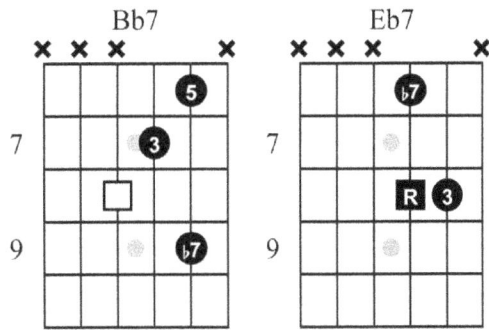

Gehe dann schrittweise jedes Saitenpaar durch, bis du an der Stimmführung auf der 5. und 6. Saite gearbeitet hast. Diese Töne des Eb7-Arpeggios wurden im Griffbild weiter oben nicht gezeigt. Hier also nochmal ein Griffbild mit den vollständigen Arpeggios für beide Akkorde.

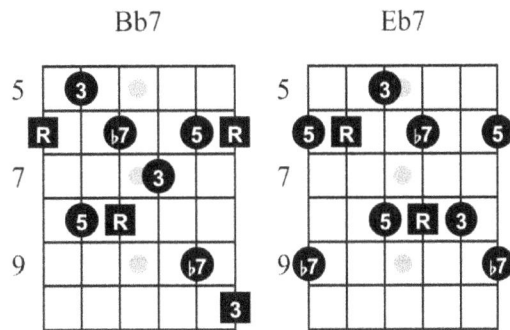

Bb7   Eb7

Wenn du diese Übung auf Saitenpaaren geübt hast, kannst du zu Gruppen von drei Saiten weitergehen. Spiele weiterhin vier Töne pro Takt, aber arbeite mit Arpeggios auf drei Saiten. Wenn du die Ideen aus den letzten Beispielen gründlich geübt hast, sollte es dir nicht mehr schwerfallen auf drei Saiten zu spielen. Wenn du auf Wissenslücken stößt, kannst du jederzeit nochmal an Saitenpaaren arbeiten.

Hier sind die Arpeggioformen isoliert auf den oberen drei Saiten. Und anschließend siehst du mögliche „Routen" mit denen du anfangen kannst.

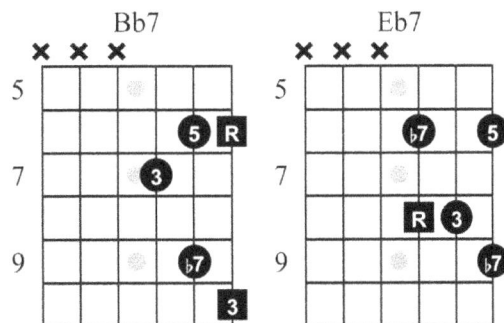

Bb7   Eb7

Beispiel 4c:

Beispiel 4d:

Im nächsten Schritt arbeitest du die Übungen dann mit Gruppen aus vier bzw. fünf Saiten durch, bevor du die Arpeggios auf allen sechs Saiten verbindest.

Sei achtsam, wenn du übst; wenn dir auffällt, dass du einen Bereich des Griffbretts meidest, gehe zurück und konzentriere dich nur auf Gruppen aus drei Saiten oder auf Saitenpaare, bis du in dem Bereich sicher wirst. Vergiss auch nicht, die Basssaiten der Gitarre gesondert zu betrachten.

Kapitel 5 - Spezifische Intervalltöne Gezielt Anspielen

Untersuchen wir nun das Griffbrett in Bezug auf „Griffformen". Beim Improvisieren ist es wichtig, einen Überblick über die *Tonleiterintervalle* zu bekommen, die du verwendest. Das wird dir enorm dabei helfen, spezifische Arpeggiotöne anzuspielen, wenn wir uns mit komplexeren Konzepten, wie chromatischen Approach-Note-Patterns und verschiedenen Skalen in den Kapiteln 6 und 7 beschäftigen.

Die Grundidee ist, spezifische Intervalltöne der jeweiligen Akkorde anzuspielen und zu beobachten, wie sie sich beim Akkordwechsel bewegen.

Die folgenden Übungen sind besonders wichtig, wenn du dein Griffbrett wirklich beherrschen lernen willst.

Fangen wir damit an, über jedem Akkordwechsel einfach nur den Grundton des Arpeggios zu spielen. Hab Geduld! Auch wenn dir das einfach vorkommt. Die folgenden Übungen bauen sehr schnell fundiertes Wissen auf.

Übung 1 - spiele nur den Grundton des jeweiligen Akkordes. *Beispiel 5a:*

Beachte, dass in dieser Position in jeder Akkordform mehrere Grundtöne vorkommen. Spiele zu Backing-Track Nr. 2 bis du dir sicher bist, dass du den Grundton von jedem Arpeggio in jeder Oktave finden kannst.

Diesmal isolieren wir die Terz der Arpeggios. Das ist schwieriger, als nur den Grundton zu spielen, aber es wird deinen Blick öffnen und dein Gehör für's Improvisieren trainieren.

Übung 2 - spiele nur die Terz des jeweiligen Arpeggios. *Beispiel 5b:*

Es gibt die Terzen wieder in unterschiedlichen Oktaven und nicht alle sind im letzten Beispiel ausnotiert.

Wiederhole diese Übung für die Quinten und die Septimen der Arpeggios. Du kannst das Griffbild aus Kapitel 3 zu Hilfe nehmen.

Machen wir es jetzt ein wenig anders: Wir spielen die Terz des Bb7-Akkordes in irgendeiner Oktave und bewegen uns dann zum *nächstgelegenen* Ton des Eb7-Arpeggios.

Am besten fangen wir auf der Terz des Bb7 an (weil der Grundton (Bb) zur Quint des Eb7-Akkorde (ebenfalls Bb) wird). Wir interessieren uns dafür, wie genau sich Töne zwischen dem Bb7- und Eb7-Arpeggio bewegen.

Wenn wir auf der Terz des Bb7-Arpeggios anfangen, können wir den Ton entweder nach unten zur b7 des Eb7-Arpeggios, oder nach oben zum Grundton des Eb7-Arpeggios, auflösen. Beide Möglichkeiten werden in *Beispiel 5c* gezeigt:

Wenn sich eine Stimme von der Terz eines Akkordes zur Septim eines anderen Akkordes bewegt, gilt das im Jazz als eine der stärksten Auflösungen überhaupt. Die Terz von Bb7 (D) *kann* sich zwar auch nach oben zum Grundton von Eb (Eb) bewegen, aber ich würde dir sehr dazu raten, etwas Zeit zu investieren und die Auflösung von der Terz zur b7 hören zu lernen. Man nennt das eine „Guide-Tone"-Bewegung (engl. Guide-Tones - Führungstöne).

Wiederhole die letzte Übung und fange sowohl auf den Quinten, als auch auf den Septimen des Bb7-Akkordes an. Dir wird auffallen, dass die Quint von Bb sich entweder nach oben zur Terz von Eb oder nach unten zum Grundton bewegen kann.

Die Bewegung von *der b7 von Bb zur Terz von Eb* ist in der Stimmführung ganz zentral; *der Ton fällt um einen Halbton abwärts.* Diese Bewegung wird in *Beispiel 5d* in beiden Oktaven gezeigt:

Vielleicht denkst du dir, dass wir wahnsinnig viel „Vorbereitung" brauchen, bevor wir uns wirklich ans Improvisieren und ans Spielen von Jazzblues-Melodien machen. Die Vorteile dieser Basisarbeit werden dir aber spätestens dann auffallen, wenn du richtig starke Jazzmelodien spielen kannst.

Hören wir uns an, wie stark diese *Guide-Tone*-Bewegung zwischen den Terzen und den Septimen der Akkorde ist. Kombinieren wir sie jetzt zu einem einfachen Solo, dass die Akkordwechsel unterstreicht. Verwende nun die Terz und die Septim der Akkorde in allen Oktaven und achte darauf, dass du dich beim Akkordwechsel immer um einen Halbton bewegst.

Hier siehst du eine mögliche Lösung, wie du Guide-Tones über den Akkord-Changes zum Improvisieren verwenden kannst:

Beispiel 5e:

Wie du siehst, ist die Übung mit zwei Tönen pro Takt recht einfach und geht schrittweise zu etwas komplexeren Rhythmen. Du kannst ruhig zu Achtelnoten übergehen, sobald du die nötige Sicherheit hast. Verlier‘ aber nicht das Ziel der Übung aus den Augen: du sollst Guide-Tone-Bewegungen über Changes hören und korrekt spielen lernen.

Wenn du diese Übung ohne Backing-Track spielst, wirst du merken, ob du sie auch richtig ausführst. Wenn du die Akkorde an der richtigen Stelle wechselst und entweder die Terz oder die Septim beim Wechseln anspielst, wirst du in deinem Kopf die Akkordwechsel beim Improvisieren „hören". Dieses Implizieren von Harmoniewechseln durch gezielte Auswahl der Töne beim Improvisieren ist ein weiteres grundlegendes Element guter Jazzgitarrensolos.

Versuche mal zum Spaß ein Solo mit der Bb-Mollpentatonik / Blues-Skala zu spielen, aber illustriere die Akkordwechsel durch die Guide-Tone-Bewegungen aus dem letzten Beispiel. Du wirst feststellen, dass du jede Menge Möglichkeiten für ein starkes Jazzblues-Solo hast, wenn du die Mollpentatonik / Blues-Skala mit diesen Konzepten kombinierst. Bleibe erstmal bei Rhythmen aus Viertel- und Achtelnoten und vermeide Bendings und Vibrato.

Hier siehst du ein Griffbild der Bb-Moll-Bluesskala und ein paar Licks, die die Blues-Skala mit Guide-Tones und Arpeggio-Stimmführung kombinieren.

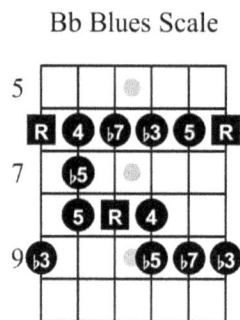

Bb Blues Scale

Beispiel 5f:

Beispiel 5g:

Wie du siehst, lohnt es sich hier Zeit zu investieren und Wege durch die I-IV-Akkordverbindung zu finden, indem du nur die Moll-Blues-Skala und die entsprechenden Arpeggios mit den entsprechenden Guide-Tones benutzt. Es gibt allerdings noch andere Skalen und Improvisationskonzepte, die noch „jazziger" klingen. Im nächsten Kapitel sehen wir uns die mixolydische „Bebop"-Skala an und lernen, wie wir sie mit Arpeggiokonzepten kombinieren können, so dass wir diesen, tradtitionellen Jazzsound entwickeln, der so wichtig ist.

Kapitel 6 - Die Mixolydische Bebop-Skala Verwenden

Die mixolydische Bebop-Skala (oder nur „Bebop"-Skala) ist die wichtigste Skala, wenn wir über einen *statischen* Dominantseptakkord improvisieren wollen und wird deshalb in dieser Situation am meisten benutzt. Ein statischer Dominantseptakkord in der Musik ist einer, der unendlich lang gespielt wird. Er muss sich nicht zu einer I. Stufe hin auflösen. Das Gegenteil einer statischen Dominante ist eine *funktionale* Dominante, die normalerweise Teil einer ii-V-I-Verbindung ist und sich zu einem anderen Akkord hin auflösen will. Eine funktionale Dominante hat einen hohen Spannungsgrad in einer Akkordverbindung. In Kapitel 11 besprechen wir dieses Konzept genauer.

Sowohl die I., als auch die IV. Stufe einer Jazzblues-Akkordverbindung (Bb7 und Eb7) werden normalerweise als *statische* Dominanten betrachtet.

Der mixolydische Modus ist der fünfte Modus der Durskala und hat die Tonleiterformel **1 2 3 4 5 6 b7**.

Wie du siehst enthält die Skala alle Töne des Dominantseptarpeggios (1, 3, 5 und b7), und noch einige andere Töne. Alle diese anderen Töne klingen grundsätzlich großartig im Blues.

Eine kleine Bemerkung zur Theorie: wenn die Tonleiterstufen 2, 4 und 6 mit einem Septakkord gespielt werden, werden sie normalerweise als 9, 11 und 13 bezeichnet. Das liegt daran, dass die Bezeichnung sich darauf bezieht, welches Intervall die Töne in der höheren Oktave zum Grundton bilden. Schau' dir die folgende Skalenformel an. Das sollte einige klären:

1 *2* **3** *4* **5** *6* **b7 (8/1)** *9* **3** *11* **5** *13* **b7**

In der oberen Oktav behalten die Akkordtöne ihre Namen (1, 3, 5, b7) und die Erweiterungen werden 9, 11 und 13 genannt.

In der mixolydischen Bb-Skala (Bb, C, D, Eb, F, G, Ab) sind Bb, D, F und Ab die Arpeggiotöne. C ist die 9, Eb ist die 11 und G ist die 13.

Bei Mixolydisch gibt es allerdings ein kleines Problem. Jazzer machen gern zwei Dinge:

1) Sie spielen in Achtelnoten

2) Sie achten darauf, dass die Arpeggiotöne auf die Schläge fallen

Schau *dir Beispiel 6a* an:

Achte genau darauf, welche Intervalle auf den Schlag in der unteren und in der oberen Oktave fallen. Die Arpeggiotöne sind eingeklammert und im ersten Takt kannst du sehen, dass alles gut funktioniert; die Arpeggiotöne fallen jeweils genau auf den Schlag, *bis wir zum Grundton zurückkommen*. Der Grundton fällt auf den Off-Beat von Schlag 4. Das bedeutet, dass in der oberen Oktave immer die „falschen" Töne auf die Schläge fallen; z.B. fallen die die 9, die 11 und die 13 auf die Schläge, während die Arpeggiotöne zwischen die Schläge fallen. Das liegt daran, dass die Skala sieben Töne enthält.

Wenn man die Arpeggiotöne schlecht platziert, wird das Solo an dieser Stelle unartikuliert und unklar.

Jazzmusiker lösen dieses Problem zum Beispiel damit, dass sie einen *chromatischen Durchgangston* zwischen der b7 und dem Grundton einfügen (wie du oben siehst, verursacht erst dieses Fehlen eines Tons zwischen der b7 und dem Grundton das ganze Problem).

Wenn wir die *große Septim* zwischen der b7 und dem Grundton einfügen, erhalten wir eine achttönige Skala, die immer gut funktionieren wird, wenn wir Achtel oder Sechzehntel spielen. Das wird in *Beispiel 6b* gezeigt:

Du siehst, dass durch den *chromatischen Durchgangston* zwischen der b7 und dem Grundton am Ende des Taktes die starken Arpeggiotöne auf den Schlägen von Takt 2 bleiben.

Wenn du mit der Bebopskala improvisierst, Achtelnoten spielst und mit einem Arpeggioton auf dem Schlag beginnst, wirst du außerdem automatisch die starken Arpeggiotöne auf den Schlag platzieren, egal in welche Richtung zu die Tonleiter spielst. Die schwächeren Erweiterungen fallen auf die Off-Beats.

Deshalb müssen Jazzmusiker die Bebopskala einfach lieben!

Das sind die Griffbilder für die Bebopskalen in Bb und Eb. Die zusätzliche chromatische große Septim wird als Kreis dargestellt:

Für den Anfang werden wir uns darauf konzenterieren, wie man die Bebobskala in Bb verwendet. Du kannst alle Infos aus diesem Abschnitt sofort auf die Bebopskala in Eb übertragen.

Sei' dir zunächst sicher, dass du die Bebopskala in Bb auswendig in Achtelnoten aufwärts und abwärts auf Tempo 120 spielen kannst. Spiele sie zu Backing-Track Nr. 3, in dem *immer* Bb7 klingt und hör' dir an, wie die Akkordtöne die ganze Zeit auf den Schlag fallen und die Töne, die nicht im Akkord vorkommen auf die Off-Beats kommen (das geht aber nur, wen du mit einem Arpeggioton auf dem Schlag anfängst und in Achtelnoten spielst).

Wenn du dir damit sicher bist, geh' weiter zu Backing-Track Nr. 2 (ein Takt Bb7 und ein Takt Eb7) und arbeite an der folgenden Übung.

Fange auf dem Grundton des Bb7-Akkordes an und spiele in Achtelnoten die Bebopskala in Bb aufwärts. Spiele als letzten 9. Ton gezielt den nächstgelegenen Ton des Eb7-Arpeggios, genau, wie wir das in Kapitel 4 gemacht haben. In *Beispiel 6c* kannst du das für beide Oktaven sehen:

Wir können auch versuchen, vom Grundton aus nach unten zu spielen, wie du es in *Beispiel 6d* siehst:

Achte darauf, wie ich in diesem Beispiel zurück gehe und die b7 von Eb spiele, obwohl ich genauso gut die Quint (Bb) des Eb7-Akkordes hätte spielen können. Wenn ich die Wahl habe spiele ich normalerweise die b7, weil sie ein Guide-Tone ist und deshalb harmonisch ziemlich klare Linien schafft.

Vergiss nicht die Bebopskala in Bb auch abwärts von dem Grundton in der oberen Oktav zu üben.

Verwende dasselbe Konzept, aber starte diesmal von der Terz des Bb7-Akkordes aus:

Beispiel 6e:

Beispiel 6f:

In Beispiel 6f habe ich zwei mögliche Auflösungen vorgeschlagen: zur b7 von Eb (meine bevorzugte Wahl) oder du wiederholst einfach den letzten Ton und löst so zum Grundton von Eb7 auf.

Übe die Bebopskala in Bb aufwärts und abwärts von der Terz von Bb7 aus und in jeder Oktav, die dir in dieser Position zur Verfügung steht. Finde alle Möglichkeiten, wie du den Eb7-Akkord auf den ersten Schlag des zweiten Taktes auflösen kannst.

Arbeite jetzt an der gleichen Idee, aber spiele abwärts von der Quint und der b7 der Bebopskala in Bb. Löse immer zu einem Arpeggioton von Eb7 auf.

Wiederhole dann das Ganze, aber verwende diesmal die Bebopskala in Eb über dem Eb7-Akkord und löse zu einem Akkordton von Bb7 auf. Achte zunächst wieder darauf, dass du die mixolydische Bebopskala in Eb auswendig kannst:

Verwende wieder Backing-Track Nr. 2 und mach' im ersten Takt eine Pause. In *Beispiel 6g* hörst du das aufwärts und abwärts vom Grundton aus:

Wenn du die Eb7-Bebopskala aufwärts oder abwärts vom Grundton aus über dem Eb7-Akkord spielst, kann die Auflösung etwas holprig sein. Wir werden dieses Problem in Kapitel 7 lösen, wenn wir uns chromatische Durchgangstöne genauer ansehen.

Erkunde weiter die Bebopskala in Eb, indem du Achtelnoten aufwärts und abwärts von allen möglichen Terzen, Quinten und Septimen des Eb7-Akkorde aus spielst. Löse den 9. Ton immer zu einem Akkordton von Bb7 auf, sogar wenn das bedeutet, dass du die letzte Note wiederholen musst. Verwende das Griffbild auf Seite 29 um deine Anfangspunkte zu finden, falls du nicht weiterkommst. Die folgenden Beispiele zeigen dir einige mögliche Alternativen, die auf der Terz, der Quint und der b7 von Eb7 beginnen.

Beispiel 6h: Spiele abwärts von der Terz von Eb7

Beispiel 6i: Spiele abwärts von der Quint von Eb7

Beispiel 6j: Spiele aufwärts von der b7 von Eb7

Es kann einige Zeit dauern, bis du alle Auflösungen, die mit dieser Skala möglich sind, gefunden hast: Hab Geduld und mach langsam. Dieses Buch ist ganz bewusst in verschiedene Leistungsstufen unterteilt. Und wahre Meisterschaft ist, *unabhängig vom Thema*, immer schwer zu erreichen. Aber ein gutes Verständnis dafür, wie man eine Bebopskala an jedem Punkt der Skala auflöst, ist ein unentbehrliches Zwischenziel.

Im nächsten Schritt verbinden wir Bebopskalen in Bb und Eb miteinander. Anders gesagt, wir wollen die laufenden Achtelnoten mit der passenden Skala über den Akkordwechsel hinweg weiterführen.

Schau' dir zum Beispiel die folgende Melodie an. Sie beginnt auf der Bebopskala in Bb und wechselt zur Eb-Bebopskala, nachdem sie einen Akkordton auf Schlag 1 von Takt 2 platziert hat.

Beispiel 6k:

Hier eine weitere Melodie, die auf der Terz des Bb7-Akkordes beginnt.

Beispiel 6l:

Der zweite Takt von Beispiel 6l ist besonders interessant: statt direkt nach unten zur Eb-Bebopskala gehen, verwende ich ein *Approach-Note-Pattern*, damit ich die Terz von Bb7 in Takt 3 gezielt anspielen kann. Das Wichtigste ist momentan, dass du übst, wie man einen Arpeggioton des neuen Akkords auf den ersten Schlag im neuen Takt trifft. Wenn du die Reihenfolge der letzten Töne vor dem Takt dafür ändern musst, ist das absolut in Ordnung.

Dieses Konzept wird in Kapitel 7 noch viel mehr ausgebaut und musikalisch angewendet. Dann beschäftigen wir uns nämlich eingehend mit chromatischen Approach-Notes und Approach-Note-Patterns. Achte jetzt erstmal darauf, einen Arpeggioton des neuen Akkordes zu treffen.

Du musst natürlich deine Bluesmelodie nicht auf den ersten Schlag des Taktes beginnen lassen. Die folgenden Beispiele fangen auf Schlag 2, 3 und 4 im Bb7-Takt an:

Beispiel 6m:

Beispiel 6n:

Beispiel 60:

Mach' dir über die Intervallsprünge und Approach-Note-Patterns in den letzten Beispielen erstmal nicht zu viele Gedanken. Es werden so viele melodische Hilfsmittel verwendet, wie nötig sind, damit Arpeggiotöne auf den Schlag fallen. Das ist nicht nur akzeptabel, ich möchte dich explizit dazu ermutigen.

Wenn du dich dabei ertappst, dass du einen Ton auf Schlag 1 platzieren willst, der nicht im Grundakkord vorkommt (9, 11 oder 13), gibt es immer eine Möglichkeit diese Spannung mit einem chromatischen Durchgangston zurück zu einem Arpeggioton auf Schlag 2 aufzulösen. Du wirst feststellen, dass das oft passiert, wenn du auf Schlag 4 in Takt 1 zu spielen beginnst.

Eine weitere gute Übung ist, die Phrasen auf eine *spezifische Länge* festzulegen. Versuche Melodien zu spielen, die aus 4, 6, 8 oder 10 Tönen bestehen; du wirst schnell ein Gefühl für diese „festen" Phrasenlängen entwickeln und lernen wie sie sich im Sound unterscheiden. Du könntest eine Phrase aus 8 Tönen von Schlag 2, 3 oder 4 aus versuchen, oder eine Phrase aus 6 Tönen spielen, die auf Schlag 3 und 4 beginnt.

Achte beim Üben dieser Melodiebausteine aber immer darauf, über den Taktstrich hinweg zu spielen, und bemühe dich, einen Akkordton auf dem Schlag zu platzieren.

Du solltest hören, dass Bebopskalen in Kombination mit gezielt platzierten Arpeggiotönen beim Akkordwechsel, einen großen und unentbehrlichen Teil des Jazzvokabulars bilden. Wenn wir dann noch Konzepte wie chromatische Durchgangstöne und chromatische Approach-Note-Patterns hinzufügen, fangen wir an, die Grundprinzipien der Gitarrenbebopsprache zu verstehen.

Chromatik gehört zu den wichtigsten Melodieelementen im Jazz. Wir besprechen das im folgenden Kapitel.

Kapitel 7 - Chromatische Durchgänge

Im letzten Kapitel haben wir die mixolydische Bebopskala genau untersucht und gesehen, dass sie durch einen zusätzlichen chromatischen Durchgangston zwischen der b7 und dem Grundton der Skala gebildet wird. Diese Skala aus acht Tönen funktioniert im Jazz sehr gut, weil jede Melodie aus Achtelnoten, die auf einem Akkordton beginnt, „automatisch" immer einen Akkordton auf dem Schlag haben wird.

Wie wir aber im letzten Kapitel gesehen haben, geht diese praktische Regel nicht immer auf, wenn wir über Akkordwechsel hinweg improvisieren. Das kann man an *Beispiel 7a* sehen:

Wenn man die Eb-Bebopskala von der Terz aus abwärts spielt, wie es in diesem Beispiel gezeigt wird, führt uns das zu einer Situation, in der der letzte Ton des Taktes in Eb ein Akkordton von Bb7 im darauffolgenden Takt ist. Das ist auf keinen Fall falsch, aber wir können eine viel elegantere und „jazzigere" Melodie erzeugen, indem wir eine *chromatische* Note zwischen Schlag 4 und Schlag 1 einfügen. Ein chromatischer Ton ist *jeder* Ton, der nicht in der momentan vorherrschenden Skala vorkommt.

Sieh dir an, wie ich die letzte Melodie in *Beispiel 7b* verändere:

Der neue Ton (A) ist ein *chromatischer Durchgangston* zwischen dem Bb auf Schlag 4 und dem Ab auf Schlag 1. Da er auf einen Off-Beat (dem unbetonten Achtel *zwischen* den Schlägen) fällt, wird er nicht so stark als Dissonanz empfunden. Tatsächlich sorgt er für einen viel eleganteren Übergang zwischen den beiden Akkorden.

Ein chromatischer Durchgangston kann *jederzeit* angefügt werden, wenn du auf Schlag 4 einen Ganzton von deinem Zielton entfernt bist.

Beispiel 7c zeigt dir ein weiteres Beispiel, das sich zwischen Bb7 und Eb7 bewegt.

Beispiel 7c:

Schau' dir wieder an, was auf Schlag 4 passiert. In diesem Beispiel gehe ich über eine chromatische Approach-Note von der Quint von Bb7 (F) zur Terz von Eb7. Die chromatische Approach-Note fällt wieder auf den Off-Beat von Schlag 4.

Im folgenden Beispiel bewege ich mich chromatisch von der Quint von Bb7 zum Grundton von Eb7, bevor ich die Melodie mit einer Kombination aus Bebopskala und Arpeggio fortführe.

Beispiel 7d:

Diese chromatischen Durchgangstöne werden im Jazz *ständig* verwendet. Immer wenn du dich einen Ganzton vom Zielton entfernt befindest, kannst du „die Lücke" mit einem chromatischen Durchgangston schließen.

Chromatische Töne sind auch sehr praktisch, wenn du dich auf Schlag 4 einen Halbton von deinem gewünschten Zielton befindest. Stellen wir uns zum Beispiel vor, dass ich eine Melodie von der b7 des Bb7-Akkordes auf Schlag 4 zur Terz des Eb7-Akkordes auf Schlag 1 improvisieren will.

Ich bin nur noch einen Halbton von dem Ton entfernt, den ich im Visier habe. Das heißt, ich kann keine chromatische Approach-Note auf den Off-Beat von Schlag 4 einfügen. Stattdessen kann ich eine sog. „Enclosure" (engl. für Einschluss) machen und den chromatischen Ton *auf der anderen Seite* des Zieltons spielen. Das wird in *Beispiel 7e* gezeigt:

Diese Enclosure ist nur eins von vielen gängigen *Approach-Note-Patterns*, die im Jazz ständig verwendet werden. Hier ist eine Bebopmelodie, die das letzte Konzept praktisch umsetzt:

Beispiel 7f:

Hörst du, wie die chromatische Approach-Note, die dem Akkordton in Eb7 unmittelbar vorrangeht, die Melodie sofort klarer und interessanter macht?

Enclosures müssen allerdings nicht unbedingt chromatische Töne beinhalten. Manchmal wird eine Enclosure auch mit Tönen aus der ursprünglichen Skala gemacht. Zum Beispiel:

Beispiel 7g:

In der letzten Melodie wird die Terz von Bb7 (D) über eine Enclosure gezielt angespielt. Zufällig sind beide Enclosure-Töne in der mixolydischen Eb-Bebopskala vorhanden.

Beispiel 7h ist eine Melodie, die sich von Bb7 nach Eb7 bewegt, und dabei eine Enclosure um die Terz von Eb7 legt.

Beispiel 7h:

Die nächste Melodie verwendet eine Enclosure für die b7 von Eb7.

Beispiel 7i:

Eine weitere wichtige Anwendungsmöglichkeit für chromatische Durchgangstöne findet sich zwischen einem Skalaton (Erweiterung) und einem Arpeggioton im selben Akkord.

Bis jetzt haben wir immer einen Arpeggioton auf jedem Schlag des Taktes gespielt. Dieser Schritt ist sehr wichtig, wenn wir lernen wollen Jazz zu spielen und zu hören. Wenn du aber besser wirst, wirst du feststellen, dass deine Ohren oft einen Ton auf den Schlag platzieren wollen, der *kein* Arpeggioton ist.

Dieses Konzept ist etwas off-topic, aber wenn wir schon über chromatische Durchgangstöne sprechen, solltest du auch wissen, dass wir chromatische Durchgangstöne immer dafür verwenden können, von einem Ton, der kein Arpeggioton ist, zu einem Arpeggioton zu gehen.

Schau dir zum Beispiel die folgende Melodie an, die sich von Eb7 nach Bb7 bewegt. Beim Akkordwechsel nach Bb7 habe ich absichtlich die 13 von Bb7 (G) auf dem Schlag platziert.

Sieh dir genau an, wie ich einen chromatischen Durchgangston auf dem Off-Beat von Schlag 1 verwende, um die Spannung wieder „auszugleichen" und zu einem Arpeggioton (der Quint, F) auf Schlag 2 zurückzukommen.

Beispiel 7j:

Ich hätte auch eine Enclosure um die b7 von Bb7 machen können. Hier ist dieselbe Melodie mit einem anderen Schluss. *Beispiel 7k:*

An diese Art von Chromatik muss man sich vielleicht erst etwas gewöhnen, aber solange der chromatische Ton auf einem Off-Beat gespielt wird, wird es immer funktionieren.

Das gleiche Konzept lässt sich auch auf die Bewegung von der 9 zum Grundton anwenden, wie es in *Beispiel 7l* gezeigt wird:

Siehst du, wie Jazzmelodien ganz schnell sehr chromatisch und interessant werden, indem man einfach Zieltöne mit der Bebopskala, chromatischen Durchgangstönen und Enclosures kombiniert?

Man kann einen chromatischen Durchgangston auch zwischen der 11 der Skala und der Quint verwenden. Allerdings muss man sehr „vorsichtig" sein, wenn man die 11 eines Dur- oder Dominantseptakkordes auf dem Schlag platziert.

Wenn die 11 in einem Durakkord jeglicher Art auf dem Schlag gespielt wird, ergibt sich zwischen der Durterz des Akkordes und der 11 eine Halbtonreibung. Damit muss man echt „vorsichtig sein".

Es kann auch schwierig sein, den Gebrauch von chromatischen Durchgangstönen und Enclosures effektiv zu üben. Wir werden uns im nächsten Kapitel genauer mit verschiedenen Übetipps beschäftigen, wenn wir einen Blick auf Approach Note Patterns werfen. Als gute Übemethode kannst jetzt erstmal dein Metronom ausschalten und dir vorstellen, dass du die letzten beiden Schläge eines Taktes und den ersten Schlag des nächsten Taktes spielst.

Übe diese drei Töne der Bebopskala beginnend von einem Akkordton aus und versuche einen chromatischen Durchgang oder eine Enclosure auf der letzten Note im Takt zu verwenden, so dass du einen Akkordton des nächsten Akkordes gezielt anspielst.

Beispiele 7m-7o zeigen, wie das geht.

Beispiel 7m:

Beispiel 7n:

Beispiel 7o:

Versuche methodisch vorzugehen und kümmere dich erstmal nicht darum, ein Metronom zu verwenden. Betrachte das Ganze als „Forschungsreise". Das tolle daran ist, dass diese kurzen chromatischen Melodien schnell ins Ohr gehen und du wirst sehen, dass du bald ausgezeichnet ganz klare chromatische Licks über Akkordwechsel spielen wirst.

Kapitel 8 - Chromatische Approach-Note-Muster

In den Kapiteln 6 und 7 geht es um Improvisationsansätze im Blues, die die mixolydischen Bebopskala und chromatischen Approach-Notes verwenden. Die musikalische Sprache des Jazz besteht aber hauptsächlich aus Arpeggios und „Verzierungen" dieser Arpeggios.

Denk' an das Grundprinzip der Jazzimprovisation; lass' Arpeggiotöne auf dem Schlag und spiele Skalatöne auf dem Off-Beat. Wenn wir uns vor Augen führen, was wir im letzten Kapitel über chromatische Durchgänge gelernt haben, ist es gar nicht so abwegig folgendes zu sagen: wir können jeden chromatischen Ton auf einen Off-Beat spielen, solange er sich auf dem Schlag zu einem Arpeggioton hin auflöst.

Dieses Konzept ist ein großartiger Ausgangspunkt, um häufig gebrauchte Verzierungen von Improvisation auf der Basis von Arpeggios zu untersuchen.

Wiederholen wir nochmal das Bb7-Arpeggio:

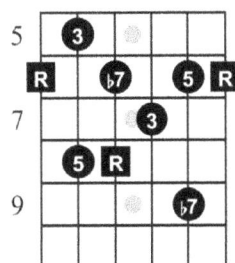

Wir nehmen eine chromatische Approach-Note einen Halbton unter jedem Arpeggioton von Bb7 hinzu.

Jeder chromatische Ton fällt auf einen Off-Beat und befindet sich einen Halbton unter dem Zielton.

Versuche die folgende Übung in deinem Tempo zu spielen; verwende kein Metronom und versuche jeden Ton des Bb7-Arpeggio zu visualisieren, wenn du ihn spielst.

Im folgenden Griffbild sind die Töne des Bb7-Arpeggio als Punkte und die chromatischen Approach-Notes als Kreise dargestellt.

Beispiel 8a:

Bb7 Arpeggio

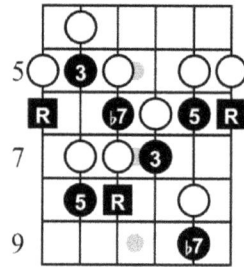

Beispiel 8a (notation and TAB)

Wenn du darin sicherer wirst, versuche die letzte Übung als kontinuierliche Melodie zu spielen, so wie es in Beispiel 8b gezeigt wird:

Beispiel 8b:

Beispiel 8b (notation and TAB)

Lerne diese Melodie auch abwärts, wie in *Beispiel 8c*.

Beispiel 8c (notation and TAB)

Wende das gleiche Konzept jetzt auf das Eb7-Arpeggio an. Aus Platzgründen habe ich die folgenden Beispiele in Achtelnoten notiert. Scheu dich aber nicht, zwischen jedem „Notenpaar" viel Platz zu lassen, so dass du dieses Konzept einfach verinnerlichen kannst. Diese Technik kannst du für jedes Arpeggio verwenden. Es lohnt sich also, langsam und gründlich vorzugehen, bis alles sauber und flüssig klingt.

Beispiel 8d:

Beispiel 8e:

Als ich diese Konzepte das erste Mal gelernt hab, fand ich es besonders schwierig sie musikalisch anzuwenden. Schließlich wurde mir klar, dass sie am besten funktionieren, wenn sie *nicht* isoliert gespielt werden. Sie passen sehr gut mit dem Konzept der melodischen Stimmführung über Harmoniewechsel zusammen, das wir bereits in Kapitel 7 angeschaut haben, und sie können jederzeit als Approach-Note für einen Zielton des neuen Akkordes benutzt werden.

Diese Patterns sind auch besonders praktisch und schnell wiederzuerkennen, wenn sie auf eine Arpeggiomelodie über einem statischen Akkord angewendet werden. Ich möchte dir empfehlen, dich mit ihrem Sound und der rhythmischen Platzierung über einem Vamp aus einem Akkord, wie du ihn in den Backing-Tracks Nr. 3 und Nr. 4 findest, intensiv auseinanderzusetzen.

Die folgenden Melodien zeigen dir, wie man das Approach-Note-Pattern namens „Halbton drunter" verwendet.

Beispiel 8f:

Beispiel 8g:

Es gibt viele andere chromatische Approach-Note-Patterns, die oft verwendet werden. Aber eines, an dem du definitiv arbeiten solltest, ist das Pattern aus einem *Halbton drunter / Tonleiterschritt drüber*.

Wie die Beschreibung schon vermuten lässt, beginnt das Pattern ähnlich, wie das „Halbton drunter"-Pattern, das oben schon beschrieben wurde. Diesmal kommt aber noch ein anderer Ton hinzu: diese kommt aus der Skala, die dem Akkord zugrunde liegt (in diesem Fall dem mixolydischen Modus)

Besonders interessant an diesem Pattern ist, dass es uns erlaubt, einen chromatischen Ton auf dem Schlag zuspielen, solange wir ihn richtig auflösen. Und es wird sich fantastisch anhören!

Beispiel 8h zeigt dir, wie man das „*Halbton drunter / Tonleiterschritt drüber*"-Pattern vom Grundton des Bb7-Arpeggios aus spielt.

Beispiel 8h:

Wie du siehst, befindet sich der Ton, der chromatisch zur Skala ist, auf dem Schlag (später solltest du aber auch damit experimentieren, diese Konzepte rhythmisch anders zu platzieren).

Hier sind alle Arpeggiotöne von Bb7 mit dem gleichen Pattern. Du siehst, dass bei allen Tönen, außer bei der Terz, der Skala Schritt immer einen Ganzton über dem Zielton liegt. Bei der Terz des Dominantseptakkordes ist der Tonleiterschritt nur einen Halbton über dem Zielton.

Beispiel 8i:

Mach' dir erstmal wieder keine Gedanken darüber, ob du die Patterns mit Metronom oder Backing-Track spielen solltest. Es ist viel wichtiger, dass du sie langsam und genau lernst. Auf diese Weise kannst du auch testen, wie gut du diese Arpeggios wirklich kannst, weil du den Zielton schon sehr lange vorher visualisieren und hören musst.

Wenn du dieses Pattern im Griff hast, gehe mit Backing-Track Nr. 3 durch das ganze Arpeggio und spiele einen Arpeggioton pro Takt an. Es sollte sich ungefähr wie *Beispiel 8j* anhören:

Erhöhe dann schrittweise die Frequenz der Approach-Note-Patterns und experimentiere auch mit dem Rhythmus. Wiederhole den ganzen Vorgang abwärts und auch für das Eb7-Arpeggio, wie es in *Beispiel 8k* gezeigt wird: (Backing-Track Nr. 4)

Versuche auch Intervalle innerhalb des Arpeggios zu überspringen. Spiele zum Beispiel erstmal den Grundton, dann die Quint, dann die Terz und schließlich die Septim. Spiele jede Kombination, die dir einfällt!

Das Schwierigste ist, diese Approach-Note-Patterns in deine echten Improvisationen einzubauen und sie mit den anderen grundlegenden Jazzkonzepten in diesem Buch zu kombinieren. Das ist auf jeden Fall ein Langzeitziel. Aber du *wirst* dein Gehör langsam so trainieren, dass du sie spielen willst, wenn du diese Approach-Note-Patterns einfach jeden Tag übst.

Die folgenden Melodien kombinieren alle Konzepte, die wir bis jetzt in diesem Buch besprochen haben. Sie bestehen aus Arpeggios, Bebopskalen, Zieltönen, chromatischen Durchgängen und Approach-Note-Patterns.

Melodien sich von Bb7 nach Eb7

Beispiel 8l:

Beispiel 8m:

Beispiel 8n:

Beispiel 8o:

Melodien von Bb7 nach Eb7

Beispiel 8p:

Beispiel 8q:

Wenn du diese Licks lernst, vergiss nicht, sie zu analysieren, und zu entdecken, wie sie konstruiert sind. Du wirst jede Menge darüber lernen, wie die Konzepte aus den letzten Kapiteln musikalisch verwendet werden, wenn du die Licks „dekonstruierst".

Übe also für den Anfang jede Zeile langsam und ohne Metronom. Aber sobald du kannst, spiele sie zu einem Klick oder Backing-Track, sodass du hören kannst, wie die starken Töne des Akkordes normalerweise immer noch auf den Schlag fallen.

Kapitel 9 - Den Verminderten Septakkord auf der bV Hinzufügen

Im Jazzblues wird sehr gerne und häufig ein verminderter Septakkord auf der bV (b5) der Tonika verwendet. Er wird im sechsten Takt, alternativ zu einem zweiten Takt Eb7, gespielt.

In der Tonart Bb beispielsweise, ist die Stufe bV der Ton Fb (oder E; der Einfachheit halber). Also können wir folgendes Harmonieschema spielen:

Beispiel 9a:

Du kannst diesen Akkord so auf der Gitarre spielen:

Diese ganze „Theorie" erscheint dir auf dem Papier vielleicht ziemlich kompliziert. Aber tatsächlich *funktioniert* der Edim7 immernoch als Eb7-Akkord, wenn auch mit etwas mehr Spannung. Und zwar aus folgendem Grund:

Wenn wir uns die Töne des E vermindert 7 ansehen; (E, G, Bb, Db) und sie nach ihrer *Beziehung zum Eb7* (Eb, G, Bb, Db) untersuchen, fällt uns auf, dass die beiden Akkorde sich nur in einem Ton unterscheiden.

Es hat sich lediglich der Grundton des Eb7 um einen Halbton nach oben verändert und ist zum E geworden.

Wenn man dieses E als eine Erweiterung von Eb sehen, stellen wir fest, dass das E die b9 ist (eigentlich ist der Ton ein Fb, aber wir nennen ihn „E", weil das die Sache erleichtert).

Wenn wir die b9 zu einer Dominante hinzufügen, bekommen wir eine Alteration, die im Jazz extrem oft verwendet wird und großartig klingt, wie du in Beispiel 9a hören kannst.

Diese ganze Erklärung kann etwas verwirrend klingen, aber schauen wir uns die Akkorde Eb7 und Edim7 einmal nebeneinander an. Das sollte alles klarer werden lassen:

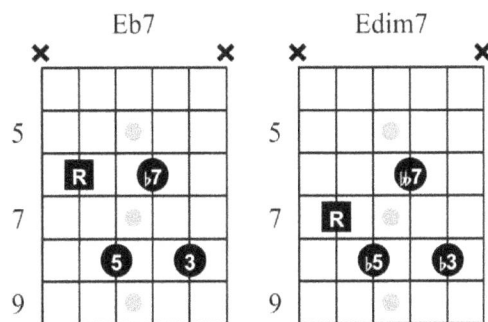

Wie du siehst, sind die Akkorde identisch, abgesehen vom Basston, der um einen Halbton nach oben verschoben wurde.

Wenn wir dem sechsten Takt des Blues diese Spannung geben, bekommen wir eine riesige Vielzahl von neuen Improvisationsoptionen, die melodische Spannung erzeugen und so diese Stelle in der Akkordfolge interessanter machen. Man kann mit einer ganz einfachen Methode über diesen Akkord improvisieren: ignoriere ihn einfach!

Weil der Edim7 sowieso als Eb7b9-Akkord *funktioniert*, kannst du alle Improvisationsansätze für Eb7, die wir uns angesehen haben, ganz einfach auch hier verwenden. Der Hörer hört eigentlich immernoch einen Eb7-Akkord.

Ich möchte dich zwar ermutigen, diesen Akkord mit dem Arpeggio und der Bebopskala von Eb7 zu kombinieren. Aber wenn wir *nur* diese Improvisationsmöglichkeiten nutzen, lassen wir uns einige tolle Möglichkeiten in der Melodie entgehen.

Sehr naheliegend ist, über diesem neuen Akkord einfach ein Edim7-Arpeggio zu spielen. Das wird auch am häufigsten gemacht. Gezeigt wird das in *Beispiel 9b*:

Edim7 Arpeggio

Edim7 Arpeggio

Führ' dir nochmal vor Augen, dass dieses Arpeggio mit dem Eb7-Arpeggio auf Seite 15 identisch ist; abgesehen davon, dass das Eb um einen Halbton zu E erhöht wurde.

Dadurch dass, die beiden Arpeggio fast gleich sind, peilt man am besten den sich verändernden Ton gezielt mit dem Edim7-Arpeggio in Takt 6 an.

Im folgenden Beispiel werden die Arpeggiotöne zwischen den Takten 5, 6 und 7 gezielt angespielt, die sich verändern.

Beispiel 9c:

Beispiel 9d:

Übe das Improvisieren über diesen Harmoniewechsel genauso, wie du in den Kapiteln 3, 4 und 5 gelernt hast, von Bb7 nach Eb7 zu wechseln.

Gehe methodisch vor. In den oberen Beispielen spiele ich die Arpeggios vom Grundton und der Terz aus aufwärts. Wiederhole das mit der Quint und der b7. Übe diese Wechsel auch abwärts.

Teile die Gitarre in Saitenpaare auf und konzentriere dich ganz genau darauf, wie sich die Akkordtöne verändern, wenn du dich in diesem sehr kleinen und begrenzten Bereich bewegst.

Wenn du dich mit jedem Saitenpaar vertraut gemacht hast und dich sicher fühlst, erweitere den Umfang auf Gruppen aus drei, vier und fünf Saiten.

Denke vor allem daran, dass das hier in erster Linie eine Gehörbildungsübung ist. Wenn du dein Gehör in diesem Lernstadium gut trainierst, kannst du dich später entspannen, wenn du schnelle Solos spielst. Letztendlich werden deine Ohren deine Finger zu den richtigen Tönen führen.

Wenn es darum geht, tonleiterbasierte Melodien über einem Edim7 zu spielen, ist die achttönige verminderte E-Skala (Ganzton/Halbton) eine gute Wahl.

Diese Skala hat die Formel 1 2 b3 4 b5 #5 6 7. In E bekommen wir die Töne E, F#, G, A, Bb, C, Db, D#. Die verminderte Ganzton-Halbton-Skala ist eine *synthetische Skala*. Sie hat sich nicht aus einem modalen System entwickelt, wie die Durmodi oder die harmonischen und melodieschen Mollskalen.

Die vermindere Ganzton-Halbton-Skala ist symmetrisch: ihre Intervallstruktur *wiederholt* sich, wie man im folgenden Griffbild sieht:

E Whole-Half Diminished

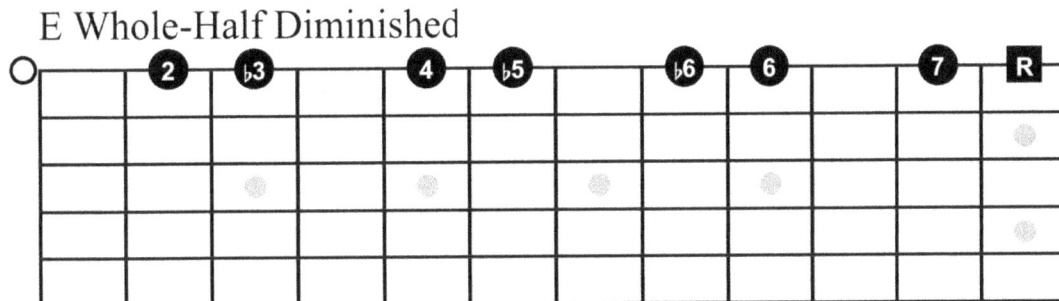

Aufgrund dieser Symmetrie wird die verminderte Ganzton-Halbton-Skala oft für melodische Muster und Sequenzen verwendet.

Sie kann auf der Gitarre folgendermaßen gespielt werden. Die Fingersätze sind lediglich Vorschläge.

Beispiel 9e:

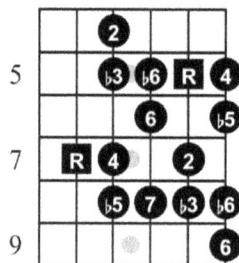

E Diminished

E Whole Half

Diese Skala klingt zwar ziemlich einzigartig, aber funktioniert wunderbar über dem Edim7-Akkord, solange du einen Akkordton auf Schlag 1 im Takt spielst.

Am liebsten spiele ich den Grundton (E), weil das der einzige Ton ist, der sich vom Arpeggio aus dem letzten Akkord unterscheidet. Wenn man das E anspielt, hat das den offensichtlichsten melodischen Effekt, wie du wahrscheinlich in den Beispielen 9c und 9d hörst. Ein weiterer sehr guter Ton, den du anspielen könntest, wäre das A (die b5 im ursprünglichen Eb-Akkord). Das A definiert ebenfalls ganz klar den Akkordwechsel.

An die verminderte Ganzton-Halbton-Skala muss man sich erst gewöhnen. Also nochmal: lerne sie über kleine Saitengruppen anzuwenden und spiele immer Arpeggiotöne auf dem Schlag. Du kannst jederzeit chromatische Töne hinzufügen, wenn du sie brauchst, damit die Arpeggiotöne auf dem Schlag bleiben.

Als ich selber Jazzblues-Improvisation gelernt habe, war eine meiner größten Herausforderungen, die Anwendung der verminderten Ganzton-Halbton-Skala in E. Es kann eine Weile dauern, bis sich diese Skala ganz natürlich anfühlt; vor allem, weil sie nur in einem Takt verwendet wird. Hier sind einige Ganzton-Halbton-Melodien, die du über Takt 6 für den Anfang verwenden kannst.

Beispiel 9f:

Eb7   Edim7   Bb7

Beispiel 9g:

Beispiel 9h:

Am besten gewöhnt man sich an die verminderte Ganzton-Halbton-Skala, indem man einfach mit einem langsamen Backing-Track experimentiert.

Kapitel 10 - Erweiterte 3-9-Arpeggios

Als letztes Konzept für den Akkordwechsel zwischen Bb7 und Eb7 werden wir *erweiterte* Arpeggios ansehen. Bis jetzt haben wir uns mit Arpeggios beschäftigt, die vom Grundton des Akkords aufwärts gespielt werden: 1, 3, 5, b7. Beim Improvisieren im Jazz wird allerdings sehr oft ein neues Arpeggio aus vier Tönen auf der *Terz* des Akkordes gebildet.

Das Arpeggio 1, 3, 5, b7 würde zum Beispiel durch das Arpeggio 3, 5, b7, 9 substituiert.

Unser Bb7-Arpeggio mit den Tönen Bb, D, F, Ab würde durch die Töne D, F, Ab und C substituiert werden. Wenn wir das Arpeggio auf der Terz des Akkords spielen, lassen wir den Grundton weg und spielen stattdessen die 9 der Skala.

Jazzmusiker betrachten den Grundton oft als eher uninteressanten Ton. Immerhin wird er schon von anderen Instrumenten in der Band übernommen, wie etwa dem Bass, dem Keyboard oder dem anderen Gitarristen. Wenn wir den Grundton spielen, kann das auch eine sehr finale Klangqualität haben, die die Melodie abschließt, wie ein Punkt einen Satz beendet. In verschiedenen Situationen ist es also womöglich besser, ihn zu vermeiden und stattdessen durch die klanglich interessantere 9 zu ersetzen.

Das ist natürlich alles Geschmackssache und manchmal wirst du den Grundton einfach hören wollen. Denk' nur dran, dass die Guide-Tones in jedem Akkord (die Terz und die b7) melodisch stärker sind, als der Grundton und sich grundsätzlich besser dazu eignen Harmoniewechsel klar darzustellen.

Wenn wir das erweiterte 3-9-Arpeggio von Bb7 spielen, spielen wir die Töne D, F, Ab und C. Das sind eigentlich auch die Töne des Dm7b5-Arpeggios (D-Mollseptakkord mit einer erniedrigten Quint). Wenn wir ein erweitertes 3-9-Arpeggio auf der Terz eines Dominantseptakkordes konstruieren, bilden wir jedes Mal ein neues m7b5-Arpeggio.

Das sieht man im Griffbild wiedermal einfacher. Hier sind die benachbarten Griffbilder der 1-b7- und 3-9-Arpeggios.

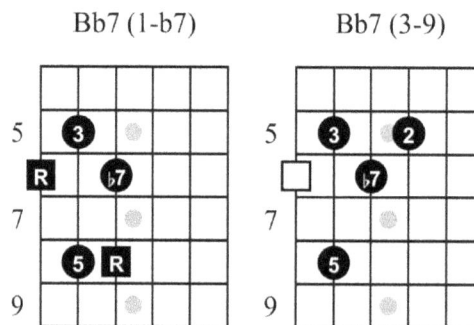

Du kannst das vollständig erweiterte 3-9-Arpeggio folgendermaßen spielen:

Beispiel 10a:

Bb7 (3 - 9)

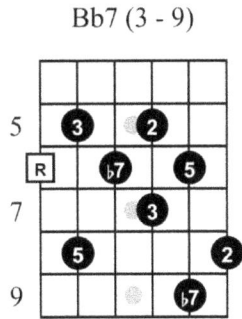

(Der Grundton wird als Quadrat dargestellt, damit du dich auskennst. Spiele ihn nicht im Arpeggio).

Üben wir diese Idee genauso, wie wir es in Kapitel 4 gemacht haben und verwenden wir sie über einem Loop aus Bb7 nach Eb7. Peile außerdem jeweils den nächstgelegenen Arpeggioton auf jedem Akkordwechsel an. Wie du siehst, verwende ich immer noch das normale Arpeggio vom Grundton zur B7 auf dem Eb7-Akkord.

Beispiel 10b:

Hör' dir an, wie sich die Melodie auf dem Bb7-Akkord verändert, wenn du das 3-9-Arpeggio verwendest. Hörst du, dass es reichhaltiger und interessanter klingt?

Teile das Griffbrett jetzt wieder einmal in Saitenpaare auf und übe die Changes zwischen dem 3-9-Arpeggio von Bb7 und dem Eb7-Arpeggio, bis du sie sicher triffst.

Mach' diese Übung ruhig zuerst ohne Metronom, sodass du dir auch wirklich sicher sein kannst, dass du die Akkordwechsel richtig triffst. Hör' dir insbesondere an, wie sich die Melodie *anfühlt*, wenn du die 9 auf Schlag 1 des Bb7-Taktes spielst.

Verschiebe die Saitenpaare jetzt über das Griffbrett und erhöhe schrittweise die Anzahl der Saiten in den Gruppierungen.

Im nächsten Schritt werden wir das 3-9-Arpeggio für den Eb7-Akkord konstruieren.

Genau wie vorhin hat auch das 3-9-Arpeggio den Effekt, dass der Grundton (Eb) durch die 9 des Akkords (F) ersetzt wird. Statt den Tönen Eb, G, Bb und Db (1, 3, 5, b7), spielen wir die Töne G, Bb, Db und F (3, 5, b7, 9).

Hier sind die Griffbilder der 1-b7- und der 3-9-Arpeggios in einer Oktave, sodass du sie vergleichen kannst.

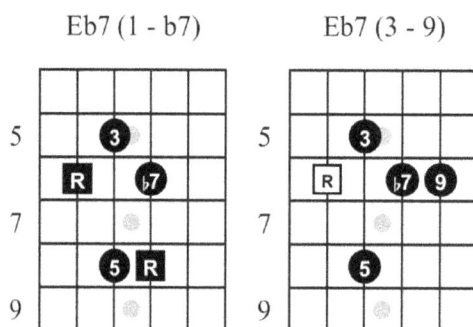

Lerne das Arpeggio über das ganze Griffbrett. Zunächst solltest du dich nur auf die oberen vier Saiten konzentrieren. Sie werden dir beim Improvisieren am meisten nützen. Lass' die Basstöne für später.

Beispiel 10c:

Eb7 (3 - 9)

Es gibt zwei Möglichkeiten dieses Arpeggio zu üben: Du könntest es entweder mit dem Bb7-Arpeggio (1-b7) kombinieren, oder du könntest es mit dem Bb7-Arpeggio (3-9) kombinieren. Wenn du dich mit dem 3-9-Arpeggio von Bb7 sicher fühlst, würde ich dir empfehlen, dich gleich richtig in die Materie zu stürzen und an den beiden 3-9-Arpeggios gleichzeitig zu arbeiten. Fange aber ruhig erstmal mit dem 1-b7-Arpeggio von Bb7 an, wenn du dich so wohler fühlst.

Die folgende Übung zeigt, wie du Arpeggiotöne sowohl mit dem 3-9-Arpeggio von Bb7, als auch dem 3-9-Arpeggio von Eb7 gezielt anspielen kannst.

Beispiel 10d:

Übe die Changes genau zu treffen (in dem du die 9 als einen Arpeggioton behandelst) und mach das wieder in kleinen Saitengruppen. Wenn das einfacher geworden ist, versuche ein paar Melodielinien über die

Akkordwechsel aufzuschreiben und dabei die Konzepte aus den letzten Kapiteln als Leitfaden zu verwenden. Hier sind einige, mit denen du anfangen kannst.

Beispiel 10e:

(die 9er sind eingeklammert)

Beispiel 10f:

Beispiel 10g:

Kapitel 11 - Über die Takte 8 bis 12 Improvisieren

Wir haben uns die wichtigsten Mittel zum Improvisieren im Jazzblues sehr genau angesehen und sie auf die ersten sieben Takte des Jazzblues angewendet. Die letzten acht Takte sind harmonisch komplexer und können eine Herausforderung beim Improvisieren darstellen. Die gute Nachricht ist allerdings, dass du schon einen Großteil der Grundlagenarbeit gemacht hast.

Konzeptuell ist das Solieren über die Changes in den letzten fünf Takten identisch mit dem Solieren über die ersten sieben Takte. Wir müssen nur die passenden Arpeggios und Skalen lernen, die wir über diesen neuen Changes verwenden können. In seiner einfachsten Form musst du für das Improvisieren über der I-VI-II-V-Verbindung nur die Arpeggios lernen, die einzelnen Punkte verbinden und Skalen und Approach-Notes hinzufügen. Das Schwierige ist, dass jetzt mehr Töne zur Auswahl stehen!

Wir haben in Kapitel 1 schon entdeckt, dass die letzten Takte eines Jazzblues aus zwei Durchgängen von I-VI-II-V-Verbindungen bestehen, wobei die Verbindungen einmal langsam und ein schnell gespielt werden.

Zwar haben wir uns den Bb7 in Takt 7 sehr genau angesehen, aber der Harmoniewechsel vom Bb7 zum G7 ist einer der wichtigsten harmonischen Wendepunkte im Blues. Deshalb werden wir uns für den Anfang auf die Verbindung dieser beiden Akkorde konzentrieren. Hier überschneiden sich auch die verschiedenen Studienbereiche und wir können die beiden Abschnitte der Blues-Progression elegant miteinander verbinden. Ich habe es immer praxisorientierter gefunden die I-VI-II-V-Verbindung zu üben und zu unterrichten, statt der VI-II-V-I-Verbindung.

Fangen wir mit dem G7-Arpeggio an, das wir über dem VI-Akkord in Takt 8 verwenden.

Denk' dran: die Formel für ein Dominantseptarpeggio ist 1, 3, 5, b7. Vom Grundton G aus bekommen wir also die Töne

G, B, D und F.

(Konzentriere dich zunächst wieder auf die Töne auf den oberen vier Saiten und lass' die Basstöne, die als Kreise markiert sind, für später).

Beispiel 11a:

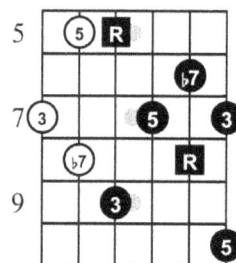

Das Wichtigste, das wir beim G7-Arpeggio beachten müssen, ist, dass es den Ton *B* enthält. Wenn du dich nämlich an Kapitel 1 erinnerst, weißt du dass der *diatonische* VI-Akkord in der Tonart Bb G-*Moll* ist. G-Moll besteht aus den Tönen G, *Bb*, D und F.

Weil wir den *Akkordtyp* des ursprünglichen Gm7-Akkordes zu einem Dominantseptakkord verändert haben (wie es standardmäßig im Jazz passiert), haben wir einen neuen Ton, das B, eingeführt. Normalerweise liegt dieser Ton vollkommen außerhalb der Tonart Bb. Dadurch ist das B beim Improvisieren ein sehr starker Zielton, der den G7 sehr klar definiert.

Versuche von Bb7 nach G7 zu gehen und spiele die Arpeggios aufsteigend vom Grundton in jedem Akkord. Du kannst die folgenden Übungen mit Backing-Track Nr. 5 üben. Das ist ein Loop hiervon:

Wenn du vom Grundton in jedem Akkord aufwärts und abwärts spielen kannst, mach' dasselbe mit dem Terzen, Quinten und Septimen, wie du es in Kapitel 3 gelernt hast. Denk' dran, die meiste Zeit darauf zu verwenden, dich auf die Guide-Tones (3 und b7) zu konzentrieren.

Hier ist ein Beispiel absteigend von den Septimen in jedem Akkord:

Beispiel 11b:

Finde wie immer den kürzesten Wege zwischen den Changes und übe den Akkordwechsel zwischen den beiden Harmonien auf Saitenpaaren. Hier ist eine mögliche Route, die du auf den oberen beiden Saiten nehmen kannst.

Beispiel 11c:

Es ist besonders wichtig, dass du Viertelnoten spielst. Das hilft dir, das Griffbrett auswendig zu lernen. Mittlerweile arbeiten wir mit einer großen Menge von melodischen Informationen.

Ein Bonus dabei ist, dass die Pfade aus Viertelnoten, die du hier über den langsamen Changes lernst, automatisch zu Achtelmelodien werden, wenn du sie auf die schnellen Changes in den letzten beiden Takten anwendest. Denk' dran: wir sind gerade dabei, das Griffbrett kennenzulernen und den Klang des Akkordwechsels zu verinnerlichen. Noch versuchen wir keine komplexen Melodien zu konstruieren.

Und zum Schluss, übe zwischen den beiden Akkorden *ausschließlich* mit Guide-Tones (der 3 und der b7 in jedem Akkord). Du wirst wieder hören, wie eindeutig die Terzen und Septimen den Klang des jeweiligen Akkords definieren.

Als Ausgangspunkt für dich habe dir die Griffbilder von den Guide-Tones in Bb7 und G7 bereit gestellt, die dir helfen sollen, dich beim Üben auf diesen wichtigen Klang zu konzentrieren. Spiele zunächst nur einen Ton pro Takt und erhöhe dann schrittweise die Frequenz der Töne.

Der Grundton ist in den folgenden Griffbildern nur als Referenz eingezeichnet.

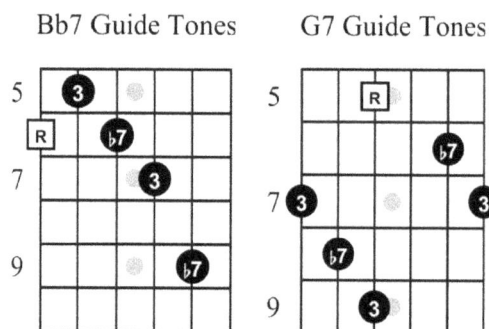

Bb7 Guide Tones   G7 Guide Tones

Füge als Nächstes einige einfache chromatische Approach-Notes hinzu, sodass du Melodien aus Achtelnoten konstruierst, die Arpeggiotöne auf den Schlag platzieren. Hier einige Ideen für den Anfang:

Beispiel 11d:

Beispiel 11e:

Als nächstes müssen wir beim G7-Akkord beachten, dass er als sich bewegender Dominantseptakkord funktioniert, der sich im folgenden Takt nach Cm7 auflöst. Aus diesem Grund ist es akzeptabel (und sogar erwünscht) mehr Spannung in den Akkord zu bringen. Das machen wir, indem wir Arpeggio-Subustitutionen und alterierte Erweiterungen verwenden.

Beim Musik machen müssen wir nicht immer dasselbe Arpeggio spielen, wie der Akkord der gerade klingt (zum Beispiel G7-Arpeggio über einem G7-Akkord). Wenn wir andere Arpeggios verwenden, können wir das Ganze spannender und interessanter machen. Das haben wir auch in den Kapiteln 9 und 10 schon gesehen.

Die Arpeggio-Substitution, die am allermeisten über G7 gespielt wird, ist ein vermindertes Septakkordarpeggio von der Terz des Akkordes aus. Die Terz von G7 ist B. Wir spielen also ein Bdim7 Arpeggio als Substitution über G7.

Dieses Substitution kommt ursprünglich aus der dominantischen Skala G-Phrygisch, die wir im folgenden Kapitel lernen werden.

Die Töne des G7-Arpeggios sind G, B, D und F. Die Töne von Bdim7 sind B D F und Ab. Wenn ich die Töne anders anordne, kannst du sehen, dass die beiden Arpeggios sich nur in einem Ton unterscheiden

Arpeggio-Intervalle in Bezug auf G	1	3	5	b7	b9
G7	G	H	D	F	
Bdim7		H	D	F	Ab

Indem wir das Bdim7-Arpeggio über dem G7-Akkord gespielt haben, haben wir den Grundton des Akkords (G) durch die b9 (Ab) ersetzt.

Wir implizieren also durch die Substitution eine G7b9-Harmonie, die auch oft im Rhythmuspart gespielt wird.

Die Idee ist so ähnlich, wie beim Edim7-Arpeggio über einem implizierten Eb7b9-Akkord, wie wir das in Kapitel 9 gesehen haben.

Die b9 ist ein sehr klangvolles und jazziges Intervall, das man über die meisten funktionalen Dominanten spielen kann. Und es funktioniert besonders gut im Kontext eines dominantischen VI-Akkordes. Es gibt außerdem noch einen anderen Vorteil: der neue Ton Ab wird zum zusätzlichen Auflösungspunkt, wenn sich der G7-Akkord im nächsten Takt nach Cm7 bewegt.

Du kannst das Bdim7-Arpeggio folgendermaßen spielen (konzentriere dich erst einmal wieder auf die oberen vier Saiten.

Beispiel 11f:

G7b9 / Bdim7

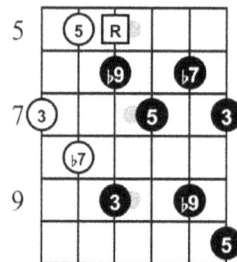

In diesem Buch werden wir ab jetzt immer ein G7b9-Arpeggio über dem G7-Akkord, anstelle des G7-Arpeggios verwenden. Das heißt nicht, dass du das ursprüngliche G7-Arpeggio über G7 gar nicht übern sollst; es ist ganz einfach so, dass das G7b9-Arpeggio häufiger verwendet wird und sofort mehr nach Jazz klingen wird.

Üben wir jetzt, wie man das G7b9-Arpeggio in Verbindung mit dem Bb7-Arpeggio verwendet. Betrachte und behandle die b9 (Ab) als den neuen Grundton dieses Arpeggios. Übe wie immer spezifische Intervalle beim Akkordwechsel anzufpielen, z.B. Grundton/b9, Terzen, Quinten und Septimen. Denk' dran, dass sich G7b9 nur in einem Ton vom G7 unterscheidet. Du hast also die meisten Übungen zum gezielten Anspielen der Töne für diesen Akkordwechsel schon gemacht. Wenn du das soweit kannst, gehe weiter und übe wieder mit kleinen Saitengruppen.

Hier ist ein Beispiel, in dem der Grundton von Bb7 und die b9 von G7 angespielt werden.

Beispiel 11g:

Übe auch die kürzesten Verbindungswege zwischen den Arpeggios zu finden. Hier siehst du ein paar Loops von Bb7 nach G7, die jeweils den nächstliegenden Ton in jedem Akkordwechsel anvisieren. Wie du siehst, verwende ich auch chromatische Durchgangstöne und Approach-Notes, wenn ich finde, dass es passt. Fange wie immer in diesem Level mit Viertelnoten an und sei dir ganz sicher, dass du den Wechsel auf Schlag 1 in jedem Takt hinbekommst.

Beispiel 11h:

Wenn du den Wechsel vom I-Akkord zum VI-Akkord klar darstellst, hat das den Sound mit dem stärksten Wiedererkennungswert im Jazzblues. Die stärksten Töne, die du auf dem VI-Akkord anspielen kannst sind die Terz, die b7 und die b9. Wenn du dich von Bb7 nach G7 bewegst, kann sich die b7 über G7 *etwas* schwächer anhören, als der Ton (F), den du auch im Bb7-Akkord findest (da ist er die Quint).

Sobald du erfolgreich die Harmonien beim Akkordwechsel in Achtelnoten mit Arpeggios darstellen kannst, kannst du anfangen eine passende Skala über dem G7(b9)-Akkord zu spielen.

Kapitel 12 - Die Phrygisch-Dominante Bebopskala Verwenden

Die Phrygisch-Dominante Bebopskala wird über dem VI7-Akkord besonders häufig verwendet. Genauso, wie die Mixolydische Bebopskala gebildet wird, indem eine leitereigene Septim zum Mixolydischen Modus hinzugefügt wird, wird die Phrygisch-Dominante Bebopskala mit einer zusätzlichen leitereigenen Septim in der Phrygisch-Dominanten Skala erzeugt.

Die Phrygisch-Dominante Skala hat die Formel 1 b2 3 4 5 b6 b7. Wenn wir die Töne außerhalb des Arpeggios als Erweiterungen notieren, sieht die Formel so aus: 1 b9 3 11 5 b13 b7. Siehst du das b9-Intervall? Das ist der Grund dafür, warum das Bdim7/G7b9-Arpeggio im letzten Kapitel so gut klingt; es ist in der Phrygisch-Dominanten Skala enthalten.

Schau' dir die Formel nochmal an. Der Phrygisch-Dominante Modus enthält alle Töne eines Dominantseptarpeggios (1, 3, 5 und b7) und zusätzlich noch einige großartige Erweiterungen (b9, 11 und b13).

Die Skala kannst du auf der Gitarre so spielen:

Beispiel 12a:

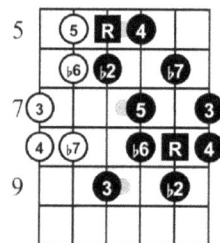

Diese Skala zu kennen, ist wichtig. Aber für unsere Zwecke wollen wir wieder eine Bebopskala mit acht Tönen konstruieren, die die Arpeggiotöne auf dem Schlag hält; genau wie bei der mixolydischen Bebopskala in Kapitel 6. Das machen wir, indem wir zwischen der b7 und dem Grundton eine natürliche Septim einfügen.

Die Formel für die phrygische Bebopskala ist 1 b9 3 11 5 b13 b7 7 und sie wird so gespielt: (der zusätzliche "Bebop"-Ton wird als Kreis dargestellt).

Beispiel 12b:

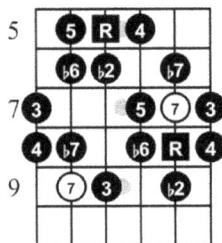

G Phrygian
Dominant Bebop

Anfangs kann sich der Fingersatz für die Skala etwas gewöhnungsbedürftig anfühlen. Ich würde dir aber raten, einfach weiter daran zu üben. Es gibt andere Fingersätze, die du verwenden kannst, aber für die meisten muss man in andere Positionen springen, um sie sauber spielen zu können. Wenn du hier durchhältst, wird sich das schon recht kurzfristig enorm auszahlen.

Wir können jetzt anfangen, mit dieser Skala über einem G7-Akkord die „Punkte zu verbinden". Ein kleines Problem könnte sein, dass du es jetzt gewohnt bist, die b9 im G7-Akkord anzupeilen. Wenn du die Bebopskala verwenden und die Arpeggiotöne auf dem Schlag halten willst, wenn du Tonleitermelodien spielst, musst du den Grundton als Arpeggioton behandeln; nicht die b9.

Wie du schon gehört hast, klingt die b9 großartig als Zielton über G7. Du kannst also die b9 als eine Möglichkeit anspielen, aber verwende dann einen chromatischen (Bebop-)Ton, um den Grundton wieder auf den Schlag zu platzieren. Wir hören darüber später noch mehr.

Lerne zunächst wieder die Wechsel zwischen Bb7 und G7 auf Saitenpaaren. Ich würde dir raten, anfangs das Bb7-Arpeggio über dem Bb7-Akkord zu verwenden und zur phrygisch-dominanten Bebopskala über dem G7 zu wechseln. Du kannst das Ganze auch umdrehen und von der Bb-Bebopskala zum G7b9-Arpeggio gehen.

Verwende später die Bebopskala über beiden Akkorden.

Hier sind einige Beispiele von Melodien, die sich auf den oberen vier Saiten abspielen. Verwende sie als Ausgangspunkt und arbeite diese Konzepte durch. Lass' dir dabei die Zeit, die du brauchst. Schreibe außerdem soviele Melodien auf, wie du kannst. Führe ein Übetagebuch und lerne deine Lieblingsideen auswendig.

Denk' dran, beim Üben methodisch vorzugehen und lass' deine Melodien bewusst mal auf dem Grundton / b9, mal auf der Terz, der Quint und der b7 in jedem Takt beginnen.

Beispiel 12c:

Beispiel 12d:

Beispiel 12e:

Beispiel 12f:

Nehmen wir jetzt einige chromatische Durchgangstöne und Patterns hinzu. Schau' wie ich im ersten Beispiel die b9 von G7 anspiele und dann einen chromatischen Durchgangston benutze, um den Grundton wieder auf den Schlag zu schieben.

Beispiel 12g:

Example 12h

Im nächsten Kapitel sehen wir uns an, wie wir vom G7-Akkord zum Cm7-Akkord kommen.

Kapitel 13 - Von G7 zu Cm7 Kommen

Die letzten Akkorde, Cm7, F7 und Bb7 bilden eine ii-V-I-Wendung in Bb. Wenn du mein Buch **Fundamental Changes in Jazz Guitar: The Major ii V I for Bebop Guitar** (zu diesem Zeitpunkt nur auf Englisch erschienen) kennst, kannst du alle Konzepte daraus auf diese drei Akkorde anwenden. Sei aber vorsichtig, denn die Blues-Progression löst sich zu einem Dominantseptakkord auf, nicht zum häufiger vorkommendem maj7-Akkord.

Im Jazzblues wird der Cm7-Akkord oft *genauso* behandelt, wie der F7-Akkord; zumindest von der *Skala* her. Anders gesagt, wir „ignorieren" den Cm7 und improvisieren, als ob beide Takte F7 wären. Dieses Konzept werden wir uns später ansehen, aber jetzt müssen wir, wie immer, erst einmal die entsprechenden Arpeggios meistern, um die Harmoniewechsel so klar wie möglich darstellen zu können.

Hier ist die Arpeggioform von Cm7. die Formel ist 1 b3 5 b7 und die Töne sind C Eb G und Bb.

Beispiel 13a:

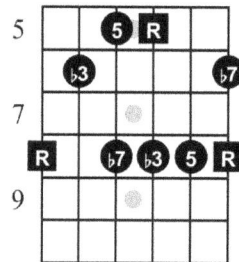

Wenn du dieses Arpeggio auswendig kannst, kannst du es sofort in Verbindung mit dem G7b9-Arpeggio aus Kapitel 8 verwenden.

Denk' dran, Viertelnoten zu verwenden und zu untersuchen welche Töne du zwischen G7b9 und Cm7 über dem Backing-Track Nr. 6 anpeilen kannst:

Spiele jedes Arpeggio vom Grundton (oder der b9 auf G7) aufwärts und abwärts; dann von den Terzen aus, dann den Quinten und schließlich von den Septimen aus.

Diese Beispiele bringen dich an den Start.

Beispiel 13b: (Aufwärts vom GT/ b9).

Beispiel 13c: (Abwärts von der b7).

Verbinde im nächsten Schritt die Arpeggio, indem du den nächstgelegenen Zielton zwischen den Arpeggios beim Akkordwechsel findest. Das folgende Beispiel zeigt diese Idee auf Gruppen aus vier Saiten. Für die Entwicklung deiner Spielsicherheit, deines Gehörs und deiner Griffbrettkenntnis kann es aber besser sein, mit Saitenpaaren zu beginnen.

Beispiel 13d:

Beispiel 13e:

Und als Zusatzherausforderung: Warum übst du nicht die Akkorde Bb7, G7 und Cm7 mit Arpeggios zu Backing-Track Nr. 7 zu verbinden?

Soliere erstmal durch die Bb7-G7b9-Sequenz, indem du die Arpeggios aus Viertelnoten benutzt, die wir im letzten Kapitel verwendet haben. Aber diesmal gehe weiter in den G7-Akkord und halte auf dem ersten Ton des Cm7-Arpeggios an. Mach' auf dem F7 für den Anfang einfach Pause.

Hier ist eine von vielen Möglichkeiten, wie du die Melodie auf dem ersten Schlag des Cm7-Akkordes auflösen könntest.

Beispiel 13f:

Vielleicht möchtest du die letzte Übung ohne Metronom oder Backing-Track probieren, damit du genug Zeit hast, die richtigen Töne zu finden. Dieser Übeprozess ist anstrengend und geistig erschöpfend; auch wenn du langsam spielst.

Am besten vermeidet man anfangs zusätzlichen Stress, der durch einen Beat erzeugt wir. Allerdings ist es auf jeden Fall gut, sobald wie möglich mit einem sehr langsamen Metronom-Schlag zu üben.

Schau', wieviele Auflösungsmöglichkeiten es auf dem Cm7 gibt, nachdem du die Bb7- und G7-Arpeggios verwendet hast. Wenn du magst, kannst du einige chromatische Approach-Notes auf dem Bb7 und dem G7 dazu nehmen. Ich hoffe, du kannst hören, wie dieser detaillierte Übeansatz dich schnell zu gut artikulierten Jazzmelodien über den Changes bringt.

Gehen wir zurück und arbeiten nur an dem Harmoniewechsel von G7 nach Cm7. Jetzt können wir ein paar chromatische Durchgangstöne und Approach-Notes zu den Arpeggio hinzunehmen. Hier sind einige Möglichkeiten.

Beispiel 13g:

Beispiel 13h:

Wenn wir diese Arpeggio-Klänge und ein paar Patterns in den Fingern haben, können wir anfangen die Skala zu verwenden, die zu dem Cm7-Akkord passt: die dorische Bebopskala.

Aber ich habe vorhin schon gesagt, dass beim Improvisieren über Cm7 sehr häufig die Bebopskala in F-Mixolydisch verwendet wird und man den Cm7-Akkord im Prinzip ignoriert. Das besprechen wir noch in Kapitel 16. Sehen wir uns jetzt erst einmal die sehr wichtige Klangstruktur der Bebopskala in C-Dorisch über der II. Stufe des Turnaround an.

Kapitel 14 - Die Dorische Bebop-Skala Verwenden

Die dorische Bebopskala ist einfach der dorische Modus (Formel: 1 2 b3 4 5 6 b7) mit einer zusätzlichen großen Septim. Dadurch wird die Formel zu 1 2 b3 4 5 6 b7 7 und wir spielen die Töne C, D, Eb, F, G, A, Bb, B.

Die dorische Bebopskala kann in dieser Position folgendermaßen gespielt werden:

Beispiel 14a:

C Dorian Bebop

Wir werden die Bebopskala in C-Dorisch in Kombination mit dem G7b9-Arpeggio lernen. Spiele das G7b9-Arpeggio in Takt 1 und peile einen Arpeggioton von Cm7 in Takt 2 an. Spiele die Melodie über dem Cm7-Akkord dann mit der Bebopskala weiter. Fühl' dich, wie immer, anfangs nicht verpflichtet diese Beispiele mit Metronom zu üben.

Es geht einfach darum, die Bebopskala in C-Dorisch in Verbindung mit dem G7-Akkord zu lernen.

Beispiel 14b:

Beispiel 14c:

Du wirst wahrscheinlich bald feststellen, dass deine Ohren dich dazu verleiten, zusätzliche chromatische Durchgangstöne einzufügen, damit die Übergänge zwischen den Akkorden eleganter werden. Gib diesem Drang nach und füge die Töne hinzu, wo du willst.

Beschäftige dich mit diesem Konzept soviel du kannst und gehe methodisch beim Üben vor. Denk' dran, immer wieder bewusst auf dem Grundton / b9, der Terz, der Quint und der b7 vom G7-Akkord zu starten. Und achte auch darauf, wie das jeweils die Verbindung zum nächsten Akkord beeinflusst.

Das Ziel dieser Übung es ist, den Wechsel von G7 nach Cm7 zu lernen. Sozusagen als Nebenwirkung dieser Übung wirst du den Wechsel auch in die entgegengesetzte Richtung lernen. Aber im Blues kommt der Wechsel von der VI. zur II. Stufe (G7 nach Cm7) viel häufiger vor, als der Wechsel von der II. zur VI. Stufe (Cm7 nach G7).

Ich erwähne das, weil du vielleicht schnell von dem Wechsel von Cm7 nach G7 abgelenkt wirst, anstatt an dem wichtigeren Wechsel von G7 nach Cm7 zu arbeiten. Im Blues folgt dem Cm7 fast immer ein F7-Akkord.

Ich hoffe, der letzte Absatz wird dir dabei helfen, die Prioritäten in deiner Übezeit richtig zu setzen.

Fange als Nächstes an, die Bebopskala in G-Phrygisch zusammen mit der Bebopskala in C-Dorisch zu verwenden. Die folgenden Tonleitermelodien sind nur zwei Takte lang. An dieser Stelle möchte ich nicht, dass du übst, wie du zum G7-Akkord nach dem Cm7 zurückkommst, weil du dich darauf konzentrieren solltest, wie du zum nächsten Akkord in der Sequenz, dem F7, kommst.

Wenn du Lust hast, blättere nach vorne und lerne das F7-Arpeggio, so dass du diese Melodien auf dem nächstgelegenen Arpeggioton von F7 nach dem Cm7-Takt enden lassen kannst.

Beispiel 14d:

Beispiel 14e:

Beispiel 14f:

Die folgenden Melodien kombinieren Arpeggios und einige neue chromatische Melodien mit der Bebopskala. Das wichtigste Improvisationselement ist, wie immer, eine starke Melodielinie, die sich auf dem Schlag zu einem Akkordton hin auflöst. Wenn ich bei dieser Gelegenheit keinen Akkordton auf dem Schlag spiele, liegt das daran, dass der Ton Teil eines chromatischen Approach-Note-Patterns ist.

Beispiel 14g:

Beispiel 14h:

G7♭9 Cm7

Beispiel 14i:

G7♭9 Cm7

Konstruiere zum Schluss ein paar Melodien, die auf dem Bb7-Akkord anfangen. Du kannst sie zum Backing-Track Nr. 7 spielen. Mach' wieder auf dem F7-Akkord in Takt 4 eine Pause. Aber wenn du dich sicher fühlst, vertraue deinen Ohren und versuche auf einem Arpeggioton von F7 auf Schlag 1 zu landen. In den folgenden Beispielen habe ich versucht, Melodien musikalischer zu machen, indem ich Pausen und kurze Phrasen verwendet habe.

Analysiere jede Melodie und sieh dir an, wie ich chromatische Töne, Bebopskalen und Arpeggios verwendet habe. Schreibe auch deine eigenen Melodien.

Beispiel 14j:

Bb7 G7♭9 Cm7 F7

Beispiel 14k:

Beispiel 14l:

Wie du siehst, können wir uns sogar dann auf gute Stimmführung, chromatische Approach-Notes und Zieltöne verlassen, wenn die Melodien recht schlicht sind, wie in Beispiel 14l. Die Akkorde werden durch sie ganz klar dargestellt.

Bei der Jazzblues-Improvisation geht es nicht unbedingt darum, ständig Bebopachtelnoten zu spielen. Wenn wir langsamer spielen, Platz lassen und die Changes gezielt darstellen, hören wir, wie der Blues erst richtig zur Geltung kommt.

Es ist wichtig, lange Melodielinien zu üben, um ein Bebop-Vokabular zu entwickeln und zu lernen, wie Bebopskalen und Verzierungen funktionieren. Aber vergiss nicht, Platz zu lassen und dem musikalischen Effekt der Töne, die du spielst, nachzuhören.

Im folgenden Kapitel werden wir uns einige Möglichkeiten ansehen, wie du über den F7-Akkord improvisieren kannst.

Kapitel 15 - Über F7 Improvisieren

Wir können zwar viele verschiedene Skalen zum Improvisieren über alle Akkorde im Blues verwenden, aber der Dominantakkord bietet die meisten Wahlmöglichkeiten in Bezug auf die Skala. Ich möchte dir nochmal empfehlen mein Buch **Fundamental Changes in Jazz Guitar: The Major ii V I for Bebop Guitar** zu lesen, weil es sich viel tiefgehender mit der Dominante beschäftigt. Hier habe ich dafür leider keinen Platz.

Wir haben uns schon Beispiele angesehen, die sich zu einem Akkordton des F7-Arpeggios auflösen. Aber wir werden jetzt „offiziell" das beste Voicing für das ganze F7-Arpeggio bestimmen.

Beispiel 15a:

F7 Arpeggio

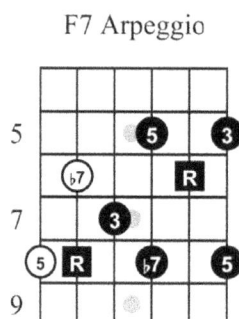

Ignoriere, wie immer, erst einmal alle Töne auf den Basssaiten, die tiefer sind, als der Grundton.

Lerne das Arpeggio auswendig und fange an, es in Verbindung mit dem Cm7-Arpeggio zu üben, wenn du es fließend spielen kannst. Denk' dran: der nächste Akkord in der Sequenz wäre Bb7. Wenn du willst, kannst du also F7 mit Bb7 in derselben Übung verbinden. Aber kein Stress! - Lerne, wie immer, jede Möglichkeit auf Saitenpaaren zunächst ausschließlich in Viertelnoten, bevor du zu Gruppen aus drei oder vier Saiten weitergehst.

Mittlerweile weißt du, dass diese Arpeggios unentbehrlich sind, weil sie das Gerüst bilden an dem wir unsere melodischen Ideen aufbauen. Wenn uns unsere Ohren immer wieder zu einem Arpeggioton zurückführen, können wir keine allzu groben Fehler machen.

Verwende Backing-Track Nr. 8 für die folgenden Beispiele.

Beispiel 15b:

Beispiel 15c:

Beispiel 15d: (Backing-Track Nr. 9)

Wie du siehst, gibt es viele Permutationen dieser Übung. Wenn wir das Griffbrett in kleine Teile einteilen, können wir sehr gründlich üben und unser Gehör ebenso gründlich trainieren.

Wie der G7-Akkord in Kapitel 11 ist auch der F7-Akkord eine funktionale Dominante, d.h. er bewegt sich zu einem Akkord im Quintabstand. In der Akkordfolge ist das ein spannungsreicher Moment. Und das ist auch der Grund, warum an dieser Stelle zusätzliche Spannung durch Arpeggiosubstitutionen und alterierte Skalen erzeugt wird.

Ein Arpeggio, das ebenfalls sehr häufig verwendet wird, ist das dim7-Arpeggio von der Terz des F7-Akkords (A) aus. Das konstruiert dieselbe Substitution, die wir schon über dem G7-Akkord verwendet haben.

Wenn wir das dim7-Arpeggio auf der Terz von F7 (A) aufbauen, bekommen wir die Töne A, C, Eb und Gb. Wenn wir diese Töne mit den ursprünglichen Tönen des F7-Arpeggios vergleichen bekommen wir:

Arpeggio-Intervalle in Bezug auf F	1	3	5	b7	b9
F7	F	A	C	Eb	
Adim7		A	C	Eb	Gb

Wir haben den Grundton (F) wieder durch die b9 (Gb) ersetzt. Das gibt dem ursprünglichen F7 mehr Spannung und macht deine Solos interessanter.

Dieses Arpeggio hat noch einen zusätzlichen Vorteil: der nächste Akkord der Sequenz, Bb7, enthält den Ton F. Wenn wir ein Gb über dem F7-Akkord spielen, geben wir uns selbst eine zusätzliche Möglichkeit die Melodie aufzulösen, weil das Gb in F7 einen Schritt nach unten zum F in Bb7 geht.

Wenn du Beispiel 15d mit einem Adim7-Arpeggio spielst, kannst du das ganz leicht sehen und hören.

Beispiel 15e:

Dim7-Arpeggio über Dominanten werden sehr häufig auf diese Weise verwendet und sind sehr praktisch. Das ganze Adim7-Arpeggio kann so gespielt werden:

Beispiel 15f:

A dim7/F

Die Grundtöne (F) sind nur als Referenzpunkte eingezeichnet und sollten in diesem Beispiel nicht gespielt werden.

Wiederhole jetzt alle Übungen in diesem Kapitel, aber verwende diesmal das Adim7-Arpeggio anstelle des F7-Arpeggios. Auch wenn du eigentlich nur einen Ton veränderst, wirst du sogar in diesen einfachen Melodien einen massiven Unterschied hören.

Hier ist ein Beispiel über drei Saiten, damit du einen Eindruck davon bekommst.

Beispiel 15g:

Hab keine Scheu, mit dem G7b9-Arpeggio in Takt 4 aus der letzten Übung zu experimentieren, sobald du diesen Klang einigermaßen kennengelernt hast.

Und hier noch einige Approach-Note-Patterns, mit denen du das F7b9-Arpeggio anspielen kannst, um noch mehr nach Bebop zu klingen.

Beispiel 15h:

Beispiel 15i:

Schreibe deine Lieblingsideen auf, wenn du mit den Approach-Note-Patterns eine Zeit lang experimentiert hast. Du kannst sie mit dem Metronom auf Geschwindigkeit üben und so dein persönliches Bebop-Vokabular entwickeln.

Als nächstes sehen wir uns ein paar verschiedene Skalen an, die du über dem F7 verwenden kannst. Diese drei werden sehr häufig verwendet:

Die Mixolydische Bebopskala in F

Die Alterierte Skala in F

Die verminderte *Ganzton-Halbton*-Skala in F.

Ich kann hier leider aus Platzgründen nicht so detailliert auf diese Skalen eingehen, wie ich das gerne tun würde. Die Ganzton-Halbton-Skala kann anfangs etwas verwirrend sein. Deshalb haben wir in diesem Buch erst die Bebopskala in F-Mixolydisch gelernt und die alterierte Skala als mögliche Alternative betrachtet.

Kapitel 16 - Die Bebop-Skala in F-Mixolydisch

Die Bebopskala in F-Mixolydisch funktioniert genauso, wie die Bebopskalen in Bb und Eb. Der Mixolydischen Skala wird eine natürliche Septim hinzugefügt, so dass wir die Formel 1 2 3 4 5 6 b7 7 erhalten. Die Bebopskala in F-Mixolydisch besteht aus den Tönen F, G, A, Bb, C, D, Eb, E.

Sie kann auf der Gitarre so gespielt werden.

Beispiel 16a:

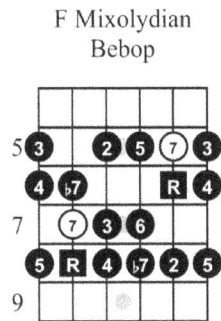

Die zusätzlichen Beboptöne werden als Kreise dargestellt.

Wenn du die Skala auswendig kannst, versuche langsam die Beispiele zu spielen, die vom Cm7-Arpeggio in die F-Bebopskala gehen, bevor du Bebopskalen über beiden Akkorden verwendest. Das folgende Beispiel löst sich zu einem Arpeggioton von Bb7 auf. Du kannst die folgenden Melodien mit Backing-Track Nr. 8 üben.

Beispiel 16b:

Beispiel 16c:

Beispiel 16d:

Beispiel 16e:

Schreibe deine eigenen Melodien in Achtelnoten und achte darauf, Arpeggiotöne beim Akkordwechsel gezielt anzuspielen. Spiele auch über den Taktstrich hinweg auf dem Weg zum Bb7-Akkord.

Ich habe schon erwähnt, dass die F-Bebopskala sowohl über F7, als auch über dem Cm7-Takt, der dem F7-Takt vorrausgeht, verwendet werden kann. Tatsächlich hören sich die Arpeggiotöne von F7 ganz gut über Cm7 an. Aus diesem Grund „ignorieren" Jazzmusiker oft den Cm7-Akkord und behandeln ihn einfach als einen weiteren Takt F7.

Das funktioniert vor allem in hohem Tempo sehr gut; vor allem bei den schnellen Akkordwechseln in den letzten beiden Takten. Wenn du alle vier Skalen in nur acht Schlägen anwenden sollst, kann das etwas schwierig werden. Die Folge ist, dass du nicht mehr musikalisch spielen kannst.

Wir werden uns diese schnellen Wechsel später noch genauer ansehen, aber hier sind erstmal einige Melodien, die die F-Bebopskala sowohl über Cm7, als auch über F7 verwenden. Analysiere die Melodien vom Ende zum Anfang, so dass du sehen kannst, ob ich über dem Cm7-Akkord Töne des F7-Arpeggios oder Töne des Cm7-Arpeggios verwende. Diese Melodien werden besser klingen, wenn du sie schneller spielst.

Beispiel 16f:

Beispiel 16g:

Und zum Schluss können wir noch mehr chromatische Ideen einbauen, sodass die Melodien gut bis zum letzten G7b9-Takt durchgehen. Dort werden wir dann die phrygisch-dominante Skala in G mit dem Bdim7-Arpeggio verwenden.

Die folgenden Melodien wurden alle mit den melodischen Konzepten konstruiert, die wir bisher in diesem Buch besprochen haben.

Beispiel 16h:

Beispiel 16i:

* A.N.P. = Approach-Note-Pattern.

Vergiss nicht, dass du nicht unbedingt lange Melodien in Achtelnoten spielen muss.

Beispiel 16j:

Ein Übestrategie für kontrollierte Phrasenlängen ist, die Melodie immer auf einem bestimmten Schlag im Takt beginnen zu lassen. Spiele zum Beispiel ab Schlag 2, 3 oder 4. Du kannst auch auf einem Off-Beat anfangen, indem du die Melodie mit einer chromatischen Approach-Note oder einem Skalaton startest. Das nächste Beispiel beginnt auf dem Off-Beat von Schlag 2.

Beispiel 16k:

Du musst natürlich nicht in jedem Takt auf Schlag 2 beginnen. Du kannst auch mal ganze Takte auslassen.

Versuche mit verschiedenen Phrasenlängen zu experimentieren; spiele Phrasen aus 4, 5, 6 oder 7 Tönen, die sich über die Taktstriche erstrecken.

Und zum Schluss, mach' dir nochmal die Changes im Jazzblues ganz bewusst:

Nicht die Sequenz, die mit dem Cm7 oben beginnt. Du solltest jetzt anfangen mit dieser Akkordsequenz zu üben. In Backing-Track Nr. 10 kannst du sie hören. Die Arbeit, die du bisher reingesteckt hast, wird sich auf diese Progression sofort übertragen lassen.

Kapitel 17 - Die Alterierte F-Skala

Die Alterierte F-Skala gehört zu den dissonantesten und „merkwürdigsten" melodischen Werkzeugen, die Jazzmusiker häufig verwenden. Sie kann als Dominantseptarpeggio betrachtet werden, das *jede* mögliche chromatische Alteration des Dominantseptakkordes beinhaltet. Eine ganz wichtige Sache ist, dass diese Skala *keine* reine Quint enthält. Das verleiht der Alterierten Skala ein angespanntes unruhiges Feeling.

Ich könnte (und werde wahrscheinlich) ein ganzes Buch über die Anwendung der Alterierten Skala schreiben. Sie ist der siebte Modus der melodischen Mollskala und deshalb kann sie ganz anders als die „normalen" Modi der Durskala verwendet werden. Zunächst sehen wir uns aber einige Improvisationsansätze an, die sich diesem wichtigen Klang ausschließlich als Skala nähern.

Es gibt verschiedene Möglichkeiten, die Formel der Alterierten Skala aufzuschreiben. Folgende ist ziemlich klar:

1 b9 #9 3 b5 #5 b7.

Die Töne der Alterierten F-Skala sind F, Gb, G#, A, Cb, C#, Eb.

Wie bereits erwähnt, besteht die Skala aus der 1, 3 und b7 des Dominantseptakkordes, aber enthält zusätzlich alle möglichen Alterationen; die b9, #9, b5 und die #5. (Du wirst die #5 oft enharmonisch verwechselt als *b13* sehen).

Wie du siehst, gibt es keine reine Quinte (5) in der Skala.

Die Intervalle sehen auf dem Gitarrengriffbrett so aus:

Beispiel 17a:

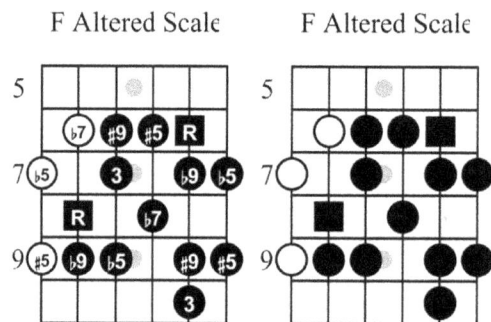

Hier sind zwei Griffbilder; eines mit den Intervallen der Skala und eins ohne, das man besser lesen kann.

Wenn man's genau nimmt, ist es „richtiger" die Alterierte Skala über einem *alterierten* Dominantakkord der gleichen Harmonie zu verwenden; vor allem, wenn keine Quint oder None vorkommt. In einer Live-Situation wird der Rhythmusgitarrist oder Pianist sich oft mit den chromatischen Alterationen auf Dominanten Freiheiten nehmen, was es schwierig macht, genau zu wissen, welcher Akkord unter deinem Solo gespielt wird.

Außerdem ist die V7 (F) einer der spannungsreichsten Punkte im Bluesschema, was es absolut OK macht, noch mehr Spannung aufzubauen, indem du die Alterierte Skala an dieser Stelle verwendest; sogar, wenn einige Töne sich mit der klingenden Harmonie reiben.

Die Alterierte Skala funktioniert vor allem, indem man sie sehr klar auflöst, wenn man zur I. Stufe (Bb7) zurückgeht. Wenn man Dreiklangs- und Arpeggiofiguren verwendet, die aus der Alterierten Skala gebildet werden, ist man schon mal auf einem guten Weg.

Versuche jetzt am Anfang eine skalenartige Figur zu spielen, die sich auf einem Akkordton von Bb7 auflöst. Dir wird vielleicht auffallen, dass du gleich von Anfang an chromatische Durchgänge spielen musst, um den Übergang eleganter zu machen. Spiele Viertelnoten über der folgenden Akkordfolge und halte dich an Gruppen aus zwei oder drei Saiten. Peile Arpeggiotöne auf dem Bb7-Akkord an, aber mach' dir nicht zu viele Gedanken darüber, ob du Arpeggiotöne auf dem alterierten F7 triffst. Verwende Backing-Track Nr. 11:

Hier sind einige Melodien auf Saitenpaaren mit denen du anfangen kannst.

Beispiel 17b:

97

Beispiel 17c:

Diese Übungen brauchen normalerweise sehr viel Zeit, bis du sie wirklich verinnerlicht hast; das liegt zum Teil daran, dass die Töne neu sind, aber auch daran, dass du erst einen Geschmack für die vielen Dissonanzen entwickeln musst. Spiele weiter zum Backing-Track und erlaube deinen Ohren, sich an die neuen Klangfarben zu gewöhnen.

Fügen wir als nächstes den Akkord der ii. Stufe hinzu; Cm7. Versuche einen Arpeggioton jeweils auf dem ersten Schlag der Cm7- und Bb7-Takte zu spielen und wähle dafür einfach den nächstgelegenen Ton der alterierten F-Skala.

Verwende Backing-Track Nr. 9 zum Üben. Und mach auf dem G7b9-Akkord jetzt erstmal eine Pause.

Die folgenden Beispiele verwenden Gruppen von drei Saiten. Aber vielleicht ist es besser für dich erstmal mit Saitenpaaren zu beginnen, bis du sicher und flüssig spielen kannst.

Beispiel 17d:

Beispiel 17e:

Als nächstes werden wir die Phrygisch-Dominante Skala in G hinzunehmen und wieder versuchen ihre Akkordtöne auf dem Schlag zu behalten.

Im folgenden Beispiel verwende ich eine Gruppierung aus drei Saiten auf der 4., der 3. und der 2. Saite. Du kannst mit Saitenpaaren beginnen, wenn das notwendig ist.

Beispiel 17f:

Beispiel 17g:

Vielleicht kommt dir dieses Vorgehen langwierig vor, aber das Großartige ist, dass du das Ganze wirklich nur einmal machen musst. Tatsächlich ist diese Herangehensweise sogar viel schneller als andere, weil du dich viel detaillierter mit dem Griffbrett auseinandersetzt. Das Ziel ist es, dass du dich ganz frei auf dem Griffbrett bewegen kannst und in dieser Position ganz bewusst hören kannst.

Spielen wir ein paar Melodien mit Achtelnoten in der Alterierten F-Skala. Im den folgenden Beispielen verwende ich chromatische Approach-Notes, wo es notwendig ist.

Wie du siehst bin ich auch zur ursprünglichen I-VI-II-V-Akkordfolge vom Blues-Backing-Track Nr. 10 zurückgekehrt.

Beispiel 17h:

Beispiel 17i:

Beispiel 17j:

Diese Beispiele sollten einen Ausgangspunkt für dich bilden. Aber die Alterierte Skala kann knifflig sein, wenn du nicht genug Zeit damit verbracht hast, Arpeggios über anderen Akkorden zu üben. Und vielleicht fällt dir auch auf, dass die Alterierte Skala das Adim7-(F7b9)-Arpeggio aus Kapitel 15 enthält. Das ist ein starker Klang und bildet einen guten Ausgangspunkt für jede Improvisation.

Das Wichtigste ist, dass du langsam vorgehst. Wenn du rhythmisch saubere Viertelnoten auf Tempo 40 spielst, wirst du damit komplexere Jazzmelodien schneller spielen lernen, statt mit Achtelnoten auf Tempo 180 drüber zu schludern. In dieser Phase solltest du diesen Improvisationsansatz als großes Spiel sehen, in dem du einen Punkt mit einem anderen verbindest; Arpeggio-"Punkte" mit der richtigen Skala und Melodien mit Approach-Notes zu verbinden.

Der alterierte F-Klang wird sehr häufig verwendet und du wirst ihn oft hören. Der Trick ist, immer im folgenden Takt gut aufzulösen. Denk' dran, immer Akkordtöne auf dem Schlag anzupeilen. Die Ausnahme bildet der F7-Akkord (auf dem alterierte Töne großartig klingen). Wenn du besser wirst, wirst du dir von selber immer mehr Freiheiten nehmen und Skalatöne und sogar chromatische Alterationen auf dem Schlag spielen. Das hängt vollkommen von deinen Ohren ab und von deiner Fähigkeit die Spannung aufzulösen.

Mach' langsam und genieße die Reise.

Kapitel 18 - Schnelle Wechsel Üben

Die letzten beiden Takte im Jazzblues sind eine direkte Wiederholung der vorrausgehenden vier Takte. Dieselben vier Akkorde werden gespielt. Allerdings werden diesmal zwei Akkorde pro Takt gespielt.

Die Sequenz ist:

Das kann man in Backing-Track Nr. 12 anhören.

Die gute Nachricht ist, dass du schon den Großteil der Grundlagen- und Vorbereitungsarbeit für diese Sequenz gemacht hast, weil du die letzten Kapitel detailliert durchgearbeitet hast.

Nachdem jeder einzelne Akkordwechsel vorgestellt wurde, haben wir begonnen mit Melodien aus Viertelnoten zu improvisieren.

Weil mittlerweile jeder Akkord nur noch zwei Schläge lang erklingt, kannst du das Tempo einfach verdoppeln und statt Viertelnoten Achtelnoten spielen. Sehen wir uns das *Beispiel 18a* an:

Wenn ich die Geschwindigkeit verdopple (die Notenwerte halbiere), bekomme ich sofort eine „Bebop"-Melodie aus Achtelnoten.

Beispiel 18b:

Das zeigt auch, dass es von Vorteil ist, diese schnelleren Changes sozusagen *„alla breve"* zu denken.

Die folgenden Übungen sind sehr praktisch, um einen Improvisationsansatz über schnelle Akkordwechsel zu entwickeln.

Halte dich erstmal an Arpeggios (du kannst 7b9-Arpeggios verwenden, wenn du magst) und spiele einfach einen Ton pro Akkord.

In den folgenden Beispielen zeige ich nur eine mögliche „Route" durch die Changes; aber es gibt Hunderte. Arbeite daran, diesen Abschnitt zu festigen und finde so viele Wege, wie du kannst. Das wird dein Gehör bilden und deine Griffbrettkenntnisse verbessern.

Spiele gezielt Guide-Tones an (Terzen und Septimen).

Beispiel 18c: (nur Terzen).

Beispiel 18d: (nur Septimen).

Beispiel 18e: (Terzen und Septimen).

Wenn du dir sicher bist, dass du Terzen *alleine*, Septimen *alleine* oder *jede Kombination* aus Terzen und Septimen in beiden Oktaven spielen kannst, kannst du zum nächstgelegenen Arpeggioton des nächsten Arpeggios weitergehen.

Beispiel 18f:

Beispiel 18g:

Spiele als im nächsten Schritt zwei Töne pro Akkord und wiederhole die Übeschritte.

Beispiel 18h: (Guide-Tones).

Beispiel 18i: (nächstgelegener Ton).

Jetzt können wir eine chromatische Approach-Note einen Halbton unter jedem Arpeggioton dazu nehmen:

Beispiel 18j:

Arbeiten wir darauf hin, Melodien aus Achtelnoten zu spielen, indem wir schnellere Töne auf den Schlägen 2 und 4 spielen.

Beispiel 18k:

Beispiel 18k ist eine besonders wichtige Übung, wenn du lernen willst, Töne über schnellen Changes gezielt anzuspielen. Natürlich hilft die Übung auch, wenn du alle anderen Arten von Changes gut spielen willst. Wenn du dich dazu zwingst, die richtige Akkordskala in einem bestimmten Rhythmus zu spielen und auf jedem Akkordwechsel einen Arpeggioton triffst, trainierst du schnelles und richtiges Denken und Verarbeiten von Informationen.

Es geht dabei nicht um Geschwindigkeit, wenn du diese Übungen zum ersten Mal machst. Stelle dein Metronom auf Tempo 40 und schau', wie lange du Ideen, wie solche aus Beispiel 18k spielen kannst. Du sollst dabei Zieltöne auf den Schlägen 1 und 3 spielen und die Schläge 2 und 4 mit Achtelnoten aus der korrekten Skala oder chromatischen Approach-Notes auffüllen.

Wenn du diese Übung in zwei Teile aufteilst, wirst du aus einem einfachen Konzept jede Menge rausholen. Ein Teil der Übung ist, nur Skalatöne auf den Schlägen 2 und 4 zu spielen. Der andere Teil der Übung besteht darin, nur chromatische Approach-Note-Patterns auf den Schlägen 2 und 4 zu spielen.

Nach einiger Zeit kannst du den Rhythmus der Töne auf den Schlägen 2 und 4 ändern. Du könntest Triolen oder Sechzehntel spielen.

Diese Übung wird den Klang der Zieltöne in deinem Gehör verankern und dir erlauben, auch unter Druck in einem hohen Tempo zu arbeiten.

Der Trick bei diesen Übungen ist es, dich zu zwingen, die ganze Zeit exakt im selben Rhythmus zu bleiben.

Sehen wir uns jetzt einige Melodien an, die ausschließlich aus Achtelnoten bestehen.

Beispiel 18l:

Beispiel 18m:

Beispiel 18n:

Analysiere die Melodien wie immer auch „rückwärts", damit du siehst, wie ich die Arpeggiotöne auf den Schlägen platziert habe.

Investiere viel Zeit, deine eigenen Achtelmelodien über die I-VI-II-V-Akkordfolge zu schreiben.

Kapitel 19 - Pentatonische Skalen

Ein Buch über Bluesgitarre wäre nicht komplett ohne einen Abschnitt über Pentatonik. Ich habe zwar in der Einleitung gesagt, dass ich erwarte, dass der Leser die Mollpentatonik schon gut kann, möchte ich trotzdem sagen, dass die Pentatonikskala im Jazzblues ganz anders als im normalen Blues verwendet wird.

Viele tolle Musiker, wie George Benson, verwenden zum Beispiel viel öfter die Durpentatonische Bluesskala, als die Mollpentatonikskala. Die Mollpentatonik wird natürlich auch verwendet, aber der Großteil des Jazzsounds kommt davon, dass die Blusskala in Dur mit Improvisationsansätzen aus diesem Buch kombiniert wird.

Hier ist eine Möglichkeit, wie du die Bb-Durpentatonik-Bluesskala spielen kannst.

Beispiel 19a:

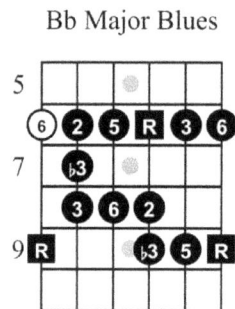

Du erkennst hoffentlich, dass diese Skala mit der G-Mollpentatonik-Bluesskala identisch ist.

Ich habe sie absichtlich in einer etwas anderen Lage, als die anderen Inhalte in diesem Buch geschrieben, weil die meisten Gitarristen sich mit der Skala so viel wohler fühlen.

Versuche für den Anfang die Bb-Dur-Bluesskala über dem gesamten Bluesschema zu verwenden und spiele Phrasen auf der Basis von Achtelnoten. Vermeide Bendings oder Vibrato, weil das sogenannter „Texas Style"-Blues ist.

Hier sind ein paar jazzige Pentatonik-Melodien mit denen du anfangen kannst. Denk' in der G-Mollpentatonik, wenn du sie spielst:

Beispiel 19b:

Beispiel 19c:

Beispiel 19d:

Wenn du experimentierst, wirst du herausfinden, dass die Bb-Dur-Bluesskala tendenziell über einigen Bereichen des Jazzblues besser funktioniert, als über anderen. Wenn du die Töne clever platzierst (denk' daran Arpeggiotöne anzupeilen), kannst du sie fast überall gut klingen lassen. Aber wenn du dich damit schwertust, versuche zur Bb-Mollpentatonik-(Blues)Skala zu wechseln, wo du Schwierigkeiten hast.

Vielleicht weißt du schon, dass du jeden Lick in der Bb-Dur-Bluesskala drei Bünde nach oben verschieben kannst und er so zu einer Melodie in der Bb-Moll-Bluesskala wird. Eine tolle Gelegenheit dazu könnte der Wechsel von Bb7 nach Eb7 in den Takten 2 oder 5 sein.

Beispiel 19e:

Die meisten Musiker tendieren dazu, die Dur- und Moll-Bluesskalen in den ersten sieben Takten des Jazzblues zu verwenden und für die letzten fünf Takte wieder zur „Bebop"-Improvisation über Akkordtönen gehen. Das ist für den Anfang eine super Strategie und du solltest das auf jeden Fall einige Zeit als Improvisationsstrategie verwenden. Man kann das aber auch umgekehrt üben.

Wenn wir „Blues" in den ersten sieben Takten und „Bebop" in den zweiten fünf zu viel üben, kann es passieren, dass wir ein sehr zweigeteiltes Jazzblues-Solo entwickeln, das nicht unbedingt zusammenhängt und als vollständiges musikalisches Statement daherkommt.

Um dem entgegenzuwirken, möchte ich dir unbedingt raten, Achtelmelodien in Kombination mit Akkordtönen im Bb7-Eb7-Abschnitt zu üben und die Bluesskala in den letzten fünf Takten zu verwenden.

Beide Denkansätze werden sich bald ganz natürlich verbinden und du wirst anfangen, in der Akkord-Progression Melodien auf Pentatonikbasis zu spielen, die auch Akkordtöne über den Changes gezielt platzieren.

Wenn du noch mehr Infos zur Bluesimprovisation haben möchtest, würde ich dir gerne meine Bücher The Complete Guide to Playing Blues Guitar Book Two: Melodic Phrasing und The Complete Guide to Playing Blues Guitar Book Three: Beyond Pentatonics empfehlen. Sie sind auf Amazon oder auf Fundamental-Changes.com erhältlich.

Beide Bücher sind vor allem im traditionellen „Texas" Bluesstil geschrieben, aber alle Anregungen zu Phrasierung und Improvisationskonzepten können auf den Jazzblues übertragen werden.

N.B. Die Skalaform, die ich für die Bb-Dur-Bluespentatonik notiert habe, ist offensichtlich nicht in derselben Lage, wie alle anderen Skalengriffbilder in diesem Buch. Das habe ich deshalb gemacht, weil die meisten Gitarristen diese Skalaform sofort wiedererkennen und spielen. Wenn du die Bb-Dur-Bluesskala in derselben Lage, wie alle anderen Ideen in diesem Buch spielen willst, kannst du diese Skalaform verwenden.

Bb Major Blues

Kapitel 20: Beispiele für Jazzblues-Solos

Die folgenden beiden Durchläufe sind ein improvisiertes Solo, das viele Techniken und Improvisationsansätze aus diesem Buch verwendet. Du kannst sie im Beispiel 20a hören:

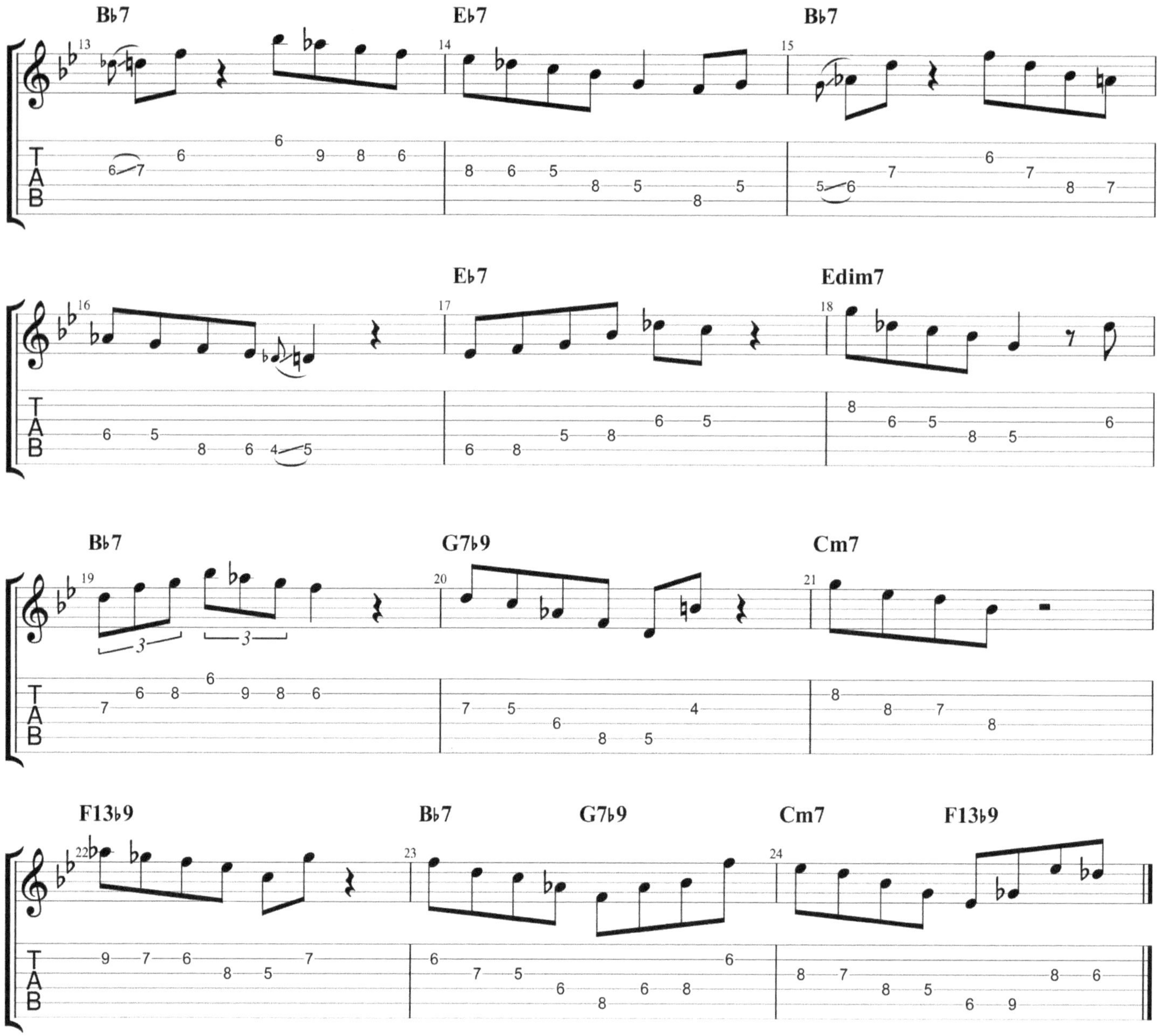
B♭7
E♭7
B♭7
E♭7
Edim7
B♭7
G7♭9
Cm7
F13♭9
B♭7
G7♭9
Cm7
F13♭9

Zusammenfassung, Übetipps und Literaturempfehlungen

Ich habe versucht, so viele musikalische Ideen und Konzepte wie möglich in dieses Buch zu packen. Mit dieser ganzen Information solltest du auf jeden Fall anfangen können, kompetent und artikuliert über einen Jazzblues zu improvisieren. Ich hoffe, du kannst erkennen, inwiefern sich ein Jazzmusiker einem Blues anders nähert und die Ideen in dein eigenes Spiel einbauen.

Der Schlüssel zum Erfolg ist immer strukturiertes und konzentriertes Üben. Ich möchte dir empfehlen, an zwei oder drei Konzepten immer gleichzeitig zu arbeiten. Übe jedes für sich ganz konzentriert für 20 Minuten. Mach' 10 Minuten Pause (steh auf, geh raus) und konzentriere dich dann auf einen ganz anderen Teil des Blues. Eine typische Übesession könnte so aussehen:

20 Minuten: Comping-Rhythmus mit Akkorden auf den oberen vier Saiten; Metronom auf Tempo 40. Wenn du flüssig spielen kannst, erhöhe das Tempo.

10 Minuten Pause: Geh raus, quatsch' mit deinen Eltern, trink ein Glas Wasser.

20 Minuten: Übungen in Viertelnoten über dem schnellen I-VI-II-V-Abschnitt auf Tempo 50.

10 Minuten: Mach' Dehnübungen.

20 Minuten: Schreibe Melodien in der Bb-Dur-Bluesskala für den Bb7-Akkord. Tempo 90.

Das Wichtigste ist, dass du in deinen Pausen die Gitarre weglegst und den Raum verlässt. Führ' ein Übetagebuch und notiere nach deiner Übesession kurz, was du erreicht hast und was du morgen angehen willst.

Außerdem ist sehr wichtig, dass du aufhörst, wenn du dich nicht gut in deiner 20-minütigen Übesession fühlst: Mach' eine Pause und probier's morgen wieder. Du wirst überrascht sein, wieviel in deinen Pausen unbewusst verarbeitet wird. *Geh nicht an den Computer!* Kein Facebook, keine Email und kein Twitter, bitte. Mach' dein Handy beim Üben aus!

Übe sowohl mit den Backing-Tracks, als auch mit dem Metronom alleine. Wenn du nur mit einem Klick arbeitest, solltest du die Akkordwechsel in deinen Melodielinien impliziert hören. Versuche nur mit Klick durch das ganze Bluesschema zu spielen, und achte darauf, ob du die Changes hören kannst.

Ich habe zwar versucht, soviel Infos, wie möglich in dieses Buch zu packen (mickrige 12 Takte werden immer auf 104 Seiten behandelt!), aber ich denke trotzdem, dass einige Bereiche noch gründlicher besprochen werden könnten. Die beiden Wichtigsten wären Akkord-/Arpeggio-Substitutionen und Jazzgitarrenphrasierung.

Beide Konzepte könnten in ganzen Büchern behandelt werden. Melde dich, wenn du findest, dass ich sie schreiben soll.

Ich plane sowieso ein Buch über die I-VI-II-V-Akkordfolge und die wichtigsten Arpeggio-Substitutionen werden darin behandelt werden. Ich hoffe, das wird im Laufe von 2014 rauskommen.

Und als letzten Gedanken noch: Das Beste, was du tun kannst, um zu verstehen, wie die Konzepte in diesem Buch musikalisch verwendet werden, ist Solos von großen Jazzmusikern zu transkribieren. Hör' dir deine Lieblingsmusiker an und finde heraus, wie sie das machen. Analysiere ihre Stilmittel und baue sie dann ein dein Spiel ein.

Viel Glück! - Joseph